冰海一葉舟
Only In Alaska II

林心雅・李文堯
文＋攝影

海恩斯

水河灣
國家公園

格茲塔弗斯

朱諾

錫特卡

彼特斯堡

蘭格爾

克奇坎

NORTH
AMERICA

North Pacific

North Atlantic

0　25　50　　　100 公里

阿拉斯加東南區地形圖（李文堯繪製）

To the lover of pure wildness
Alaska is one of the most wonderful countries in the
world.
—— John Muir / *TRAVELS IN ALASKA*

對於鍾愛純淨荒野的人
阿拉斯加是世界上最令人驚奇的國度
—— 約翰・繆爾 / *阿拉斯加之旅*

Chapter III：白頭海鵰保育區
Chilkat Bald Eagle Preserve – Haines

Chap IV：內海航道的驛站
Inside Passage, Southeast Alaska

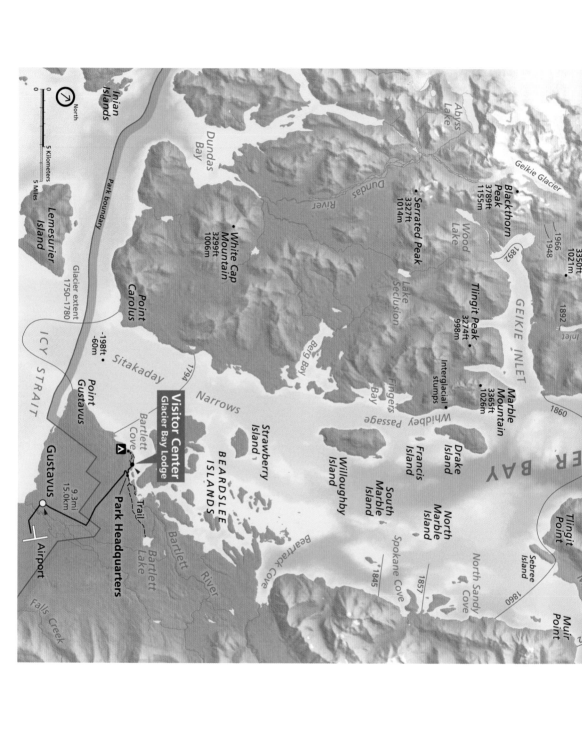

冰河灣國家公園地圖及冰河退卻年代記錄(Image Courtesy of Glacier Bay National Park)

冰河灣3D地形圖 (Image Courtesy of NASA's Earth Observatory)

緣起

探險，其實沒有想像中那麼難。

有時候，只是做一件自己從沒做過的事，或是去一個自己從沒去過的地方。

需要的，可能只是比別人多一些些好奇。

還有比平日的自己，多一點點的決心與勇氣。

而如果，能用自己的方式，去探索那片未知世界，成爲一種風格獨具、富含美學的生活藝術……請相信，在那未知的轉角處，你將一再遇見，意想不到的驚喜與感悟。

＊　＊　＊

「我們來去冰河灣吧！」2003年初春的某一天，文堯指著阿拉斯加的地圖說。

「眞的？」想去冰河灣已經很久了。我瞪大眼睛，立刻把臉湊到地圖前。儘管這張圖已不知看過多少回，每次都會發現不少新的地名。阿拉斯加實在太大了。

「咦，這冰河灣國家公園，好像完全沒有道路？」

「是的，我們得坐船進去……」

「坐船？是不是那種號稱『愛之船』的豪華郵輪？可是只能待在船上遠遠地看，除了冰河，可能無法拍到岸上的動植物哩……」

「欸，誰說要坐cruise？要上岸拍照，當然不能坐郵輪啦！」原來文堯已上網查了資料，這個國家公園有一種小型觀光遊船，會把

那些要在荒野露營的人，連同獨木舟一起在某個定點放下，等若干天後，按約定時間和規定地點，再把人和舟一起撿起來。

「所以坐公園遊船之前，我們得先租一隻雙人海洋獨木舟。」

「是喔，要租獨木舟？好像很好玩的樣子……」想像在冰海中划舟，肯定是新鮮又刺激的自然攝影旅行。

「可是，我一次都沒划過，這樣OK嗎？」

「划舟就跟划船一樣，有什麼難的？划船妳應該會吧？」

聽那話裡似乎有調侃之意，神經敏感的我不甘示弱回道：「從來沒划過，怎知道會不會？」接著腦海裡立刻浮現小時候看過的，成雙成對情侶們在新店碧潭划船的畫面，更理直氣壯嗆過去：「何況，女生需要會划船嗎？不都坐在船裡撐著洋傘擺post給人載嗎？」

「是是是，那大小姐您就坐在舟裡當模特兒，拿著槳擺來擺去，稍微假裝一下，讓我一個人來划就行了。」

聽得我噗嗤一聲笑出來：「有完沒完啊，如果是大小姐也老早成為歐巴桑了，我當然會幫忙划啦！」是啊，划船有什麼難的？就兩手拿著槳，左右左右划來划去，學了就會，應該不會太難吧？！

「但如果獨木舟翻了，怎麼辦？」還是忍不住想到最壞的狀況。

「我們都會游泳，應該不用太擔心。只要盡量沿著岸划，不要離岸太遠，船翻了，趕快游到岸上就好了。」文堯講得一派輕鬆自在，就好像，划舟跟游泳慢跑或騎腳踏車出門，沒兩樣似的。

「可是，眞的不會很危險嗎？何況冰河灣的海水，肯定超冷的！」一想到那冰冷的水溫，若眞翻舟，應該不是「溺斃」，而是「凍斃」。

「好吧，出發前，找個機會去附近海邊租個獨木舟，稍微先練習一下翻舟要怎麼自救好了。」

我有些猶豫，看著地圖，沒接話。生平從沒划過船，更遑論在冰海裡划舟。原本就有些心虛，一想到這趟旅程可能的潛在危險，愈想愈覺得忐忑。

「唉，別這麼膽小好嗎，不然哪裡都去不了。何況現在還可用GPS幫忙定位，也不會迷路，」文堯一副老神在在：「有我在，一切沒問題！」聽他語氣篤定，讓人龍心大悅，信心倍增。反正天塌下來有人撐著。

「那路線呢？我們要怎麼划？去冰河灣哪個地區？」

「就先去西臂灣吧。從地圖上看，那裡的冰河比較多。」

一旦決定目標，在著手策劃行程並查閱了相關資料，我很快便發現了，划舟裝備和登山裝備不太一樣。最重要的考慮因素並非「重量」，而是「體積」，因為所有露營裝備包括帳棚、睡袋睡墊、爐子燃料、炊鍋餐具、禦寒與備用衣物、以及所有食物等，都必須塞進獨木舟那容量有限的小小舟艙裡。

除了體積，更要考慮「防水」，尤其是攝影裝備。如果相機浸水，就什麼都完了。

既然最怕的是翻船，當然要有萬全準備。為了划舟，我們新添的行頭除了防水袋，還有划舟專用長靴和手套，它們是用一種特殊材質Neoprene做成，具快乾、保暖、防曬、抗紫外線等功能。此外又多買一些快乾衣褲(quick dry)，衣物無論內外都不要帶全棉的，否則一旦淋濕就

永遠乾不了，尤其在冰河灣那樣濕潤多雨區。還有睡袋，最好是合成纖維而非羽絨填充，因為羽絨一旦浸濕，就幾乎失去保溫作用。

從策劃行程、訂機票船票、租獨木舟、採買各種行頭、一直到整裝出發，在那幾個月準備期間，我們真的跑到離家最近的海邊，上了半天划舟課。

那年的7月中旬，兩人就這麼上路了。

也自此開啓我們對東南阿拉斯加的探索，以及接下來那一連串令人心悸而難忘的故事。

* * *

日本國寶級生態攝影家星野道夫，在其著書《在漫長的旅途中》曾這麼說：東南阿拉斯加古老的森林，流過數萬年的冰河，夏季歸來的鯨魚們⋯⋯，正因為有各式各樣的故事，才更覺阿拉斯加美麗的大自然，有著耀眼的光芒。⋯⋯我想，人就是在漫長的旅途中，尋找各自的光芒吧。

真是與我心有戚戚焉。在探索的旅程，在美麗的大自然中，所以能找到屬於自己的光芒，那是因為「人」本來就屬於大自然的一部分，因此對大自然的興趣與探索，其實就是對我們自身的興趣與探索。

真的，一定要勇於探索心靈的河流和海洋，從自然萬物中觀察學習，以開拓自己的視野與胸襟，做一位開啓思想新航道的哥倫布。讓自己的人生發光發亮，精采豐盈。

而關於探險本身，除了準備周全，最重要的，只是「出發」而已。

Chapter I

划向冰河灣
Glacier Bay – West Arm

新手上路，國民外交

冰河灣國家公園的入口是格茲塔弗斯（Gustavus）小鎮。我們最初是向當地一家 "Sea Otter Kayak" 租獨木舟，老闆艾德（Edward Bond）為人風趣和善。後來混熟了，以後數度再訪冰河灣，都習慣找這家店光顧生意。

記得第一次見到艾德，清清涼涼的傍晚，他的住家兼店面，前院開闊草地擺著比人高的木架，架上整齊排列著等待出租的獨木舟。我們穿長袖加外套，他個兒清瘦，卻只穿一件短袖T恤。最有趣的是他T

恤上印著三個中國字「太極拳」。我猜他是從Li 和Lin這兩個姓判斷我們為Chinese，特意穿上這件印有中文字樣的短衫。我們看了很好奇，指這三字問他知不知是什麼意思？艾德笑著說：「當然知道，因為我會打太極拳啊！」

「哇，真的假的？沒開玩笑吧？」我說，一般外國人多學跆拳道或功夫，我們從沒遇過學太極拳的老美。艾德怕我們不信，蹲馬步作勢比劃一段，看他認真模樣還蠻搞笑的。他還說喜歡吃中國菜，不遑多讓，我就說自己會燒中國菜，順手做出炒菜動作吹噓一番。自知廚

巴雷特海灣碼頭濃霧漸散，彷彿披了一層薄紗。

藝或許唬不過華人，唬老美應該是綽綽有餘。

　　嘻哈說笑著，彼此距離一下就拉近了。艾德還說他做這行這麼多年，亞洲客人幾乎都日本人，我們是第一個跟他租舟的Chinese。他也認識不少中國朋友，卻從來沒有中國人跟他租過舟。他還說他曾跟中國朋友們一起坐觀光船出遊，結果上船不久，艾德便發現中國朋友不一會兒全從甲板撤退至船艙，圍個桌子就打起撲克牌，看得他啼笑皆非說：「拜託，別打牌了，船外景色很美耶！」（Come on, don't play cards, it's beautiful outside!）結果大家仍繼續玩牌，沒人理他。

　　話匣子一打開，他滔滔不絕又說：「我認識的中國朋友，一起出去玩幾乎都是這樣。他們似乎很講究吃，而且都蠻看重房子車子，平常都很努力工作，目的好像就是要有豪宅和名車……」艾德看我們沒答腔，隨即補一句：「當然，每個人都可以選擇自己想過的生活。我只是說我看到的，沒任何批評的意思……」

　　「喔不，別誤會了，其實你對某些中國人的觀察還蠻正確的，」我腦筋一轉，半開玩笑說：「可能因為我們來自台灣，所以跟一般中國人不太一樣，哈！」趁機做一下國民外交，本以為他會問「台灣在哪？」不料艾德居然知道，顯然他對東方文化真的感興趣。

　　接著我用比較認真的語氣說：「其實，即使我們父母都這麼認為，出門旅遊就是要享受五星級飯店，度假就是要比平日奢華。像我們這種老大不小，出門還要搭帳露營，對他們而言不但不可思議，而且很可憐，他們還認為我們不懂得如何『享受』生活。」

　　「真的？他們認為露營是很可憐的事？噢！我的天，他們不知道自己究竟錯過了什麼！」（"Really? They think it's miserable? Oh my

God, they don't know what they are missing!!"）艾德邊笑邊搖頭，那誇張語調和不敢相信的表情，至今仍歷歷在目。

「大概因為老一輩的人經歷過戰爭，價值觀和我們不太一樣吧……」我聳聳肩說：「他們從沒機會用露營方式體會大自然，當然無法理解其中的樂趣。大家各取所需，活得開心就好。」艾德點點頭，微笑沒再接話。

有幸成為第一位向艾德租船的Chinese，也難怪他會說我們「很不尋常」（pretty unusual）。或許像我們這種「把吃苦當吃補」又偏愛

載客觀光也負責運送划舟客和野營者的冰河灣遊船。

①巴雷特海灣營地位於森林中，以雲杉和鐵杉為優勢植被
②此區雨量豐富，枝幹都覆滿苔蘚

①申請荒野許可的遊客資訊站（Visitor Information Station）。
②氣候潮溼的巴雷特海灣，除了各種苔蘚蕨類還有野菇。
③巴雷特營地森林裡，一隻可愛的小松鼠正在用餐。

人跡罕至的荒野，眞的是與眾不同的怪咖吧。

逾百磅的雙人獨木舟

接著艾德幫我們上了一堂划舟課。這是園方規定，業者出租獨木舟前，須幫租舟者上一次基本課程（稱爲orientation，新生訓練之意）。不必到水中實習，在岸上示範即可。

當艾德知道我們幾乎從沒划過舟，上課鉅細靡遺，顯得特別有耐心。從如何穿救生衣、防水裙（註：防水裙是專爲海洋獨木舟設計，可封閉坐艙，防止海水灌進舟裡），艾德一一示範基本動作。該如何拿槳？兩手握槳處要與肩同寬。如何划槳？除了用手臂，也要用腰背力量。如何操作舟尾的方向舵（rudder）？原來後舟艙腳底左右各有踏板，踩左板就向左，踩右板就向右。艾德還強調，風浪大時，轉換方向不宜太急太快，否則很容易翻覆。

如果眞的翻舟，人已整個沉溺海裡，怎麼辦？

最要緊的第一步，就是把套在艙口的防水裙鬆開，藉著救生衣浮力，想辦法浮出海面。第二步是設法攀趴到（已翻轉的）獨木舟上，這樣至少不會溺斃，也暫時不會凍死。

第三步難度相當高，就是在那危急困厄、全身濕透情況下，還要處變不驚，設法把獨木舟180度扳轉過來，然後坐進舟裡。如果槳沒丟，就划回岸上。若無法把舟扳正或找不到划槳，那就只好坐以待斃，在原地等待救援了。

「如果夠幸運的話，就會被經過的船救起來……」艾德收起笑容，認眞地說。

「那，如果沒有任何船經過呢？」

「Well，很難說，任何狀況都有可能發生，只好隨機應變、自求多福了……」艾德鄭重其事地說：「總之，無論如何你們要很小心就對了！」這下他可沒在開玩笑，在辦理租舟手續時，他要我們簽署一份同意書，聲明若發生意外乃至死亡事件等，所有後果要自行負責，一切法律責任均和租舟公司無關。

老實說，生平第一次簽下那樣的切結同意書時，嘴角雖仍掛著笑，心裡卻感到有些發毛。彷彿自己正要開始展開一場生死未卜的電玩遊戲。只是這次並非在虛擬世界裡探險，而是玩真的，一旦把命用光，將無法重來。

我們租的雙人獨木舟型號為Esperanto，由堅硬塑料做成，船身堅固耐磨，且顏色鮮黃利於拍照。若說有什麼缺點，就是船身很重，沒裝任何東西就有96磅（相當於43公斤），隨便在舟裡塞些東西，輕易就超過百磅重。

船重好處是重心低穩，不易翻船。缺點是，我和文堯一起抬，也要先喊「一、二、三」一鼓作氣，很費力地，才能把空舟抬起。跟蹌往前，才拖走幾步，就覺得手酸不已。再硬撐幾步，手握得好痛，不得不「砰」的把舟重重放下，頓時覺得腰好像快要斷掉似的。

原本不太在意，仗著自己體力耐力都不錯，以為多鍛鍊幾次就習慣了。反正又不用把舟揹在身上，抬上岸應該也沒多遠。後來才發覺，完全不是那麼回事！

巴雷特海灣碼頭上鮮豔的海洋獨木舟（sea kayak）。

生態教學錄影帶

辦妥租舟手續，接著須申請「荒野許可」（wilderness permit）。這也是園方規定，基於安全考量，不管划舟或露營都要到冰河灣「遊客資訊站」（Visitor Information Station，簡稱VIS）辦理登記。並藉此統計每日進出人數，以便園區管理。

VIS位於格茲塔弗斯小鎮西側16公里的巴雷特海灣（Bartlett Cove）。艾德很好心，說他剛好要去海灣放船，我們就樂得搭他便車。但見沿途兩旁高聳一片翠綠森林，長著茂密的雲杉（Spruce）和鐵杉（Hemlock），兩者是當地優勢植被。在海洋性氣候多雨滋潤下，空氣中處處透著清新水氣。

到了VIS小木屋，看到櫃台鋪著一大張冰河灣地圖。巡山員得知我們想在西臂灣划舟，就著地圖解說概況，一目了然。譬如哪區因正值海豹繁育期而封閉，哪區最近有熊出沒不宜紮營等。我們登記了姓名住址等基本資料、預定划舟路線、歸返日期、還有緊急事件聯絡人。公園面積近三百三十萬英畝，萬一逾期不歸，園方搜救隊至少知道要去哪裡找人。

除了荒野許可，巴雷特海灣營地（Bartlett Cove Campground）也免費，只不過要先向VIS申請露營許可。此外園方還免費提供「防熊食物貯存罐」（bear-resistant food containers，簡稱「熊罐」），而且很大方，需要幾個就借幾個，登記一下就好。

櫃台旁有幾張座椅和一台電視，巡山員要我們觀賞一段二十多分鐘的生態教學錄影帶。原以為應跟卡特麥國家公園（Katmai National Park）錄影帶差不多，不外乎遇到熊該怎麼辦。看了才知，熊僅是其

中一環。最重要的課題是學習在冰河灣荒野生活，如何才能做到「只留下足印，不留下任何痕跡」。

舉個最簡單的例子。譬如，每天都要如廁的問題。

荒野區當然不可能有廁所。我們之前在其他國家公園如優勝美地學到的經驗，是找個離水源夠遠的地方，用鏟子往下挖個深坑，排泄後，再用土加以掩埋。

但冰河灣卻大不相同，園方規定不管是健行客露營客或划舟客，都要在開放的「潮間帶」大小解。潮間帶或稱潮汐區（intertidal zone），就是海水漲潮到最高（高潮線）和退潮至最低（低潮線）之間，露出的海岸地區。換句話說，就是讓漲退的潮水將排遺帶走。而用過的衛生紙，則須原地燒掉。

試想若換在台灣或加州，自己無論如何也不敢在「開放空曠」的

①在巴雷特海灣發現半只很漂亮的藍色鳥蛋。
②漫步巴雷特海灣森林，很難想像兩百年前這裡覆滿厚冰。
③清秀的矮山茱萸（Dwarf Dogwood）性喜潮溼之地。
④在營地附近發現紅豔的倒吊鐘花（Crimson Columbine）。

夕陽斜映下，走在巴雷特海灣營地的林間小徑。

潮間帶如廁，那不就一覽無遺了嗎？而且感覺很不衛生。但在冰河灣無人荒野，此法卻是對自然環境影響最小的最佳方式。

除了如廁，連三餐炊煮也要在潮間帶進行。因潮水來回漲退，就會把食物碎屑和味道一起帶走了。

影帶除了說明冰河灣各項規則，也提到如何防範野生動物——特別是熊。譬如尋覓合適營地，若有新鮮熊糞或清晰熊腳印，均表示有熊出沒，要避免紮營。而紮營時，帳篷、炊事區、及熊罐貯存位置要形成一個大三角形，三者間距離至少100碼（約90公尺）。除了熊，還有鯨魚海豹等常見野生動物，都要依法保持適當距離。

錄影帶不到半小時，內容扼要充實而深入淺出，如同上了一堂生態教育課程，受益匪淺，比閱讀一疊資料更明白易懂。彷彿已走過一趟冰河灣的原始荒野，懂得如何因應任何突發狀況。

風蕭蕭兮，浪滔滔兮

拿著許可、熊罐、地圖、潮汐表等資料，走出VIS小木屋，眼前一片曠藍靜謐的海灣，夕陽餘暉映著波光粼粼。當晚紮營巴雷特海灣營地，就在VIS西南原始森林裡，據說從來沒客滿過，因此不用擔心申請不到許可。很乾淨的營區，鬱綠杉林聳立，樹幹附著翠綠青苔，地面鬆軟泥土鋪著一層天然針樅葉。深吸一口清涼空氣，滿是森林芬多精與泥土青草的芳香。很難想像，這塊地區在兩百五十年前仍覆蓋在厚厚的冰河底下。

翌日清晨被清脆悅耳的鳥聲叫醒，見海灣一層薄霧瀰漫，預告天氣將轉晴。迅速拆帳打包完畢，用公園免費提供的兩輪手推車，把所

①顏色鮮豔的 Baneberry 含有劇毒不可食用。
②森林裡的蕨類（Oak Fern）葉子逆光特寫。
③晶瑩雨珠點點落在羽扇豆（Lupine）的綠葉上。
④巴雷特海灣較空曠的草地上出現蒲公英的身影。
⑤花如其名的巧克力百合（Chocolate Lily）。

有家當運載到碼頭邊。待啓程時間一到，連舟一起搬上船。

公園遊船（Tour Boat）能容納百餘人，除了載一般遊客北上觀賞冰河，也載送露營者和划舟客進入荒野。遊船駛離海灣限速區，即鼓足馬力一路向北，往冰河灣深處急駛。乘風，破浪，碧海藍天，何其賞心悅目。難得天氣如此晴朗，看天空海鷗飛翔，我的心也跟著翱翔。

船上隨行一名公園解說員，在隆隆馬達聲中，用擴音器說明冰河灣自然生態、當地動植物與人文歷史等。經過南大理石島（South Marble Island），見裸岩上棲息眾多的斯特拉海獅（Steller Sea Lions），還有海鷗、鸕鷀、簇毛帕芬鳥（Tufted Puffins）等。再往北行，擴音器傳來解說員興奮的聲音：「大家快看，在時針兩點鐘方向有一條鯨魚！」往右前方看去，啊，遠處海中果然有一鯨魚背部噴出白色霧氣。船長還特意減速慢行，可是，距離實在太遠了。

中午在船上領取午餐袋，約午後一點半抵達藍鼠小海灣（Blue Mouse Cove），是當年園方規定的西臂灣下船處。我們打算花一週的時間造訪四處冰河，終點是彎渡灣口（Rendu Inlet），遊船七天之後會在該地接我們上船。

換上防水膠鞋，下了船梯。這是一個天然礫石灘灣，沒有碼頭也沒任何設施。甲板工作人員身手迅捷，將獨木舟抬起，我們在岸邊高舉雙手接住近百磅重的舟，費力抬到岸上。再接過工作人員傳遞下來一袋袋野營家當。

遊船乘客只能在船上，不能下船。大家倚著欄杆看熱鬧，盯著我們一舉一動。或因我們是唯一東方人，人們臉上寫著好奇，似乎還流露讚嘆。面對前途未卜的旅程，一切全靠自己，說不緊張是騙人的。

可箭在弦上不得不發，只能裝出很瀟灑勇敢的樣子，向熱情圍觀者揮
一揮衣袖微笑道別。

　　汽船馬達再度轟隆作響。目睹遊船愈行愈遠，成爲一個小點，終
至消失無蹤。四周變得空曠沉寂，剩下風聲與浪淘拍岸聲。和文堯兩
人面對茫茫大海，伴著相依爲命的一只孤舟，此時此刻竟有壯士出征
前「風蕭蕭兮易水寒」之感。

　　行前盡量精簡裝備，就怕獨木舟裝不下就糟了。結果仍花了近兩
個鐘頭，才把所有家當一件件全塞進獨木舟三個狹小密閉舟艙。當時

公園遊船在指定地點靠岸，把我們放下來，也接回其他划舟客。

南大理石島（South Marble Island）附近一大塊礁石上都是海鷗。

正值退潮，見潮水逐漸後退，急得加快手腳，邊打包邊將舟往海裡推，讓舟身浸在淺水中，如此才能藉由海水浮力移動舟身。否則一旦潮水退去，被塞滿的獨木舟「擱淺在岸」，將如千斤鼎重，憑兩人使盡力氣也絕不可能移動分毫。

好不容易打理完畢。我們踩進水中，雙雙坐進舟裡。拿起划槳，抵著淺灘底，用力一撐，再順勢一划，終於向遼闊大海前進。

茫茫冰海中，有我一葉舟

我把相機放進防水袋，掛綁在面前舟板上，隨時可取出拍攝沿途景物。文堯坐後艙身兼數職，除了照相，還負責操控尾舵方向，胸前掛著GPS和等高線地圖，以便隨時定位。

這是我們有生以來首度嘗試獨木舟荒野之旅，起初很新奇，真的好開心。划舟感覺和坐遊船很不一樣，因為和海水幾乎同一平面，一邊划槳，一邊看著面前舟頭奮力破浪前進，很有臨場感也很有成就感。身子上下隨波蕩漾，任浪撲打舟身。生平不曾如此貼近大海，隨意一伸手，就能一掬無盡滔滔浪花。

誰知，到了下午四點多，風勢愈來愈強。待發覺時間不早，要加緊趕路時，剛啟程那份愜意浪漫的心境，整個不見了。

記得行前規劃路線，文堯在地圖上比劃，說從下船處往西橫渡一海灣，再穿越兩個小島，然後咻咻咻，往西北划進史基摩灣（Schidmore Bay），再找個有溪水的地方紮營，就成了。

聽起來很簡單，事到臨頭，才發覺完全不是那麼回事。正因獨木舟平貼海面，視野只高出海面一些些，放眼望去，遠方長著綠樹的，

①南大理石島礁石上棲息著很多斯特拉海獅。
②除了海鷗，黑色的鸕鷀也是冰河灣常見鳥類。

①

②

肯定是陸地。但哪個是小島呢？哪個是大陸呢？根本難以分辨！

我更沒想到，地圖上看起來很窄的地方，竟然像眼前這樣一片浩瀚汪洋。每划幾下，就忍不住回頭問後座掌舵的：「這個方向對嗎？有沒有偏？到底有沒有划歪呀？」文堯用GPS定位，頻頻確認：「沒錯，就直直往前划就對了！」

可拼命向前划，一直用力划，費盡力氣划得手酸不已，比慢跑還累，卻仍像在原地踏步。大海依然遼闊，遠在天際的對岸，看起來仍是那麼遙遠！

划行速度龜慢，也就罷了。那個風，迎面撲至，卻愈颳愈強。風聲颼颼作響，順勢捲起浪花。噢不，不是浪花，而是浪濤。浪濤不斷撲打獨木舟，還愈打愈猛，放肆潑濺，不僅整個袖子，連身上救生衣都被濺溼。幸好穿著雨衣，不然早已成為一尾落湯雞。

迎著強風大浪，坐在前座的我首當其衝，不禁想起電影鐵達尼號女主角在船頭伸開手臂的場景，只不過那份浪漫，在這顛撲動盪風浪中，已漸被加深的驚惶和恐懼取代。不久便連想到，電影結束時男主角沉入冰海那幕讓人心碎的悽慘畫面。

冰河灣的海，又冷又深。從一開始我就怕翻舟。舟翻了，不是怕會溺斃，而是怕會失溫凍死。

風浪持續增強，讓人膽戰心驚愈來愈害怕。想到艾德曾叮嚀，下午容易起風，看到海面翻起白浪，要儘早靠岸以策安全。離岸已遠，回頭已遲，為了脫離險境，我們只能一鼓作氣，繼續拼命往前划，划得手酸氣喘不已，仍馬不停蹄划向史基摩灣口。好不容易在白浪滔滔中，橫渡深闊海灣，靠岸休息。

　　稍一鬆懈，我的頭開始隱隱作痛。因為吹風，加上緊張過度。那時已下午六點過半，飢腸轆轆，身心俱疲。文堯建議先煮晚飯休息一會兒，等風勢變小再出發。我們穿著膠鞋就在溼漉漉的潮汐區邊煮飯邊「顧舟」──不能讓舟被浪沖走，也不能讓舟擱淺岸上，反正要讓舟身浸在淺水中就對了。

　　晚飯是簡單的脫水登山食物，鋁箔袋注入熱水，十分鐘就好。這是出發以來第一頓晚餐，嚼著香噴噴食物，看著岸上密密樹林，我暗自祈禱著，這風浪已夠嚇人也夠累人的了，老天別在此時再開個玩笑，突然跑來一隻熊！

　　再上路時，風真的變小了。順利划入史基摩灣。晚上八點多，夕陽暉映平靜的海面，勾勒遠處一層層青綠山巒。天邊大片雲彩被渲染

約翰斯‧霍普金斯冰河（Johns Hopkins Glacier）就位於西臂灣頂端。

成絢麗晚霞，海水粼粼蕩漾著一道道金色波光。貼臨海面划行，自己
彷若一隻天鵝，滑翔於瀲灩波光中，輕輕漂浮盪漾，為眼前綺幻般的
自然景色深深動容。

　　想到不久前處身驚濤駭浪的驚心動魄，和此刻猶如人間仙境的絕
美景致與閒情逸致，真有如天堂與地獄之別。面對如此大自然美景，
不禁唱起歌來：

茫茫滄海中　　有我一扁舟　　碧海藍天為伴

啊我隨輕舟航　　航向海天會　　海鷗輕風為伍

我把網兒拋撒　　像我飛揚的心

我將兒女情絲　　忘懷於碧海藍天

……

啊晚霞紅魚帆　　快樂歌聲揚　　自由自在徜徉

這首「漁唱」是我大學時代最喜愛的民歌之一。想不到相隔這麼多年，在茫茫冰海中輕划一葉舟，我才多少體會了這首歌的美麗意涵及超凡境界。

半夜潮水聲驚魂

划到晚上十點，天色已暗。見岸邊一塊平坦礫石灘，也沒考慮太多，就靠岸紮營。先檢查附近沒有新鮮熊掌印或熊糞，接著把所有家當搬下舟，在離岸約百公尺處搭起帳篷，並將儲存食物的三個熊罐，依園方規定放到離帳篷一百公尺之處。兩人再將百磅重的獨木舟抬至

---

①公園遊船離去，礫石灘上就剩我們和獨木舟了。
②潮水驚魂夜，我們紮營的地方正如圖中平坦的礫石灘岸。

帳篷旁，免得被潮水沖走。

原以為第一天的獨木舟之旅，一切苦難就此結束。沒想到，好戲才正要上場。

鑽進溫暖睡袋，總算能好好休息了。看看錶，還不到十一點。今天真是有驚無險，風浪這麼大，划得好累。希望晚上不會有熊經過。闔上沉重眼皮，一下子便昏睡過去。

沒多久，依稀聽到唏哩唏哩的水聲，悅耳動聽，不太像下雨，倒比較像潺潺溪流聲。奇怪的是，起先只是涓涓細細的流水聲，怎麼愈來愈清晰，愈來愈近，感覺好像就在耳邊淙淙作響？

意識朦朧。不可能啊，一定是自己在做夢吧。營地附近，怎麼會突然出現一條水聲這麼大的溪流呢？

「是潮水！潮水漲上來啦！」一閃念，倏忽驚醒。文堯也醒了。抓起頭燈掀開外帳，黑夜中定睛一看，天哪，高漲的潮水，眼看就要淹到帳篷邊了，不過幾公分之距。立刻出帳檢查。「船呢？被沖走了嗎？」獨木舟仍擱在帳旁，船身不斷晃來晃去，因為舟的尾端已經浸水了！

這一驚非同小可，差點兒沒嚇得魂飛魄散。倉皇失措中，我們火速遷移，來來回回好幾趟，匆匆忙忙將帳篷和所有家當往高處搬移。真不敢想，若帳篷睡袋全被潮水浸得濕透，接下來幾天要怎麼過？還好發現得早，獨木舟沒被沖走，不然就真的完了。

令人驚愕的是，潮水上漲速度又快又急。原來這片礫石灘很平坦，潮水只要上漲幾公分，便會淹沒好大一片灘。那時已深夜十一點半，潮水仍繼續逼近，心惶惶地想，是否遺漏了什麼東西？

「咦，熊罐呢？熊罐被潮水沖走了麼？」涼意頓時襲上背脊，一

綺麗的黃昏景色，海面泛起了金色粼粼波光。

潮汐區細如髮絲的潤綠海草，像一幅天然畫作。

時竟忘了這麼重要的家當。全部的食物都放在熊罐裡，若被沖走，接下來一星期要吃什麼？

急忙踩著高漲的潮水去找。三個熊罐原本被放在礫石灘一處高起的大圓石上，大圓石已被潮水淹了八成，還好圓石頂上的熊罐仍安然無恙。我們急忙把熊罐抱回，將所有裝備集中一處。

潮水持續升漲，吋吋逼近新的紮營點。過度驚恐的情緒，讓人睡意全消，忘記疲累。生平從來沒和「潮水」交手，我們真是太沒經驗了，根本不該選在這種鬼礫石灘紮營，等於睡在潮間帶！如此不得安眠，我甚至絕望地想，難不成接下來都得這般「且戰且走」，盯著潮水度過一整晚？

突然想到艾德和VIS解說員曾給過一張冰河灣的潮汐表（tide table），還特別提醒要注意潮水漲落時間，我們卻不曾在意。文堯把它找出來仔細查看，發現潮水仍會一直漲，約要漲到半夜兩點達到最高潮，才開始退潮。那時不過半夜十二點，換句話說，潮水還要繼續再漲兩個鐘頭。

按當時情勢判斷，我們落腳處地勢不夠高，得再往上搬遷。後來仍覺不安全，又再往上搬。到了半夜十二點半，我們已把所有東西抬到岸邊最高處一塊侷促狹窄的草地上，再往上就是漆黑密林，無處可退了。

半夜一點鐘，萬籟俱寂，潮水仍在上漲，潮水聲顯得格外清晰。

半夜一點半，在帳內仍能聽出潮水聲愈來愈近。真的好可怕。「完了，已經沒退路了，如果潮水淹進帳篷，也只好認命了……」筋疲力竭，大八字攤在睡袋上，卻神經緊繃，眼睛睜得大大的，絲毫無法入睡。

潮漲潮落間，潮差5公尺？

　　白天對抗風浪驚魂未定，晚上還得繼續接受潮水挑戰，而且一個晚上搬了三次家，抬了三趟重得要死的獨木舟，腰都快斷了。開始後悔，爲何不待在家裡？來划這啥子獨木舟？除了擔心會碰見熊，還得擔心意外翻船，現在甚至要擔心睡到一半會泡在海水裡？簡直自找罪受！

　　半夜兩點，起身做最後視察，潮水距帳篷約一公尺多，依然澎湃洶湧，但潮水已不再前進。

　　頓時鬆了口氣。老天保佑，潮汐表資訊果然正確無誤。折騰一整晚，終於可以放心，好好睡一覺了。翌日睡過了日上三竿，仍覺疲累。

　　回想過去短短十二小時的划舟經歷，眞是「高潮迭起」讓人一輩子忘不了。像這樣缺乏經驗所造成的驚險刺激，體驗一次，也就夠了。

　　潮汐表密密麻麻列著日期和時間，對照當天最高潮和最低潮的潮水高度。起初我們並不曉得這張紙的重要性，直到帳篷在半夜差點兒被潮水吞噬，才知那張潮汐表堪稱命之所繫，也是在冰河灣快樂划舟的安全密碼。

　　那，爲何會有潮汐作用呢？

　　簡單地說，潮汐現象是地球受到月球和太陽的引力影響，致使地表海水規律地升降。在英文裡，漲潮動詞爲flood（很貼切，眞的會淹水），退潮稱ebb，水位達到最高稱高潮或滿潮（high tide），水位最低則稱低潮或乾潮（low tide）。無論滿潮或乾潮，都可稱爲平潮（flat tide）。高低潮間隔六小時又十餘分鐘，因此一天會發生兩次滿潮，兩次乾潮。

　　而因月球距地球較近，對地球引力要比太陽來得大些。當月球最靠近地球時，引力也最大，這就是爲什麼我們所熟悉的農曆和潮汐有直接對應關係。每月的滿月和新月潮水會比平日高，那是因爲月球、地球、和太陽成一直線，對地球海水的引力「日月相加」，因此對潮

被潮水帶上岸的海藻形成高潮線，若要紮營，要選在礫石灘之上的草地。

水影響也比平日大。

選期不如撞期。行前策畫時我們有考慮潮汐因素，卻不怎麼放在心上，不是沒概念，而是不知潮水有多厲害。直到半夜潮水驚魂，翌日凌晨看到一輪明月高掛天上，才猛然驚覺，那天居然剛好是滿月，也是該月潮差變化最大的一天。難怪潮水漲得那麼急、那麼快、又那麼高！

將潮汐表數據加減一下，當晚的潮水從最低到最高點，足足漲了逾5公尺，將近兩層樓高，遠超乎想像之外。潮差如此之鉅，可能嗎？後來查了園方資料，發現5公尺還不夠看，因受地形影響，冰河灣最大潮差竟可超過7.5公尺！

經歷這次慘痛教訓，之後我們每天都按潮汐表划舟作息，很快就學會要盡量趁滿潮靠岸紮營。若時間允許，就等下次滿潮再離開，如此就可減少抬舟之苦。

其實潮起潮落，是自然不過的現象。然而即使艾德在「新生訓練課程」教得再認真仔細，人在岸上，很難體會潮汐變化之鉅及正確因應之道。難怪學游泳讀再多手冊也不管用。很多事，就是要「身歷其境」才能明白箇中道理。

說到身歷其境，如果我說，一片平坦荒岸，當潮水漲得夠高時，會出現一條可容舟行的天然水道，你相信嗎？

天造地設，水到渠成

史基摩灣的北端有個狹窄的史基摩水道（Scidmore Channel），通往我們要去的雷德灣口（Reid Inlet）。但這條水道平時是「隱形」的，是高出海面的陸地，無法行舟，除非當潮水漲逾14英呎（相當於4.3公尺），潮水漲得夠高，足以淹沒那狹窄陸地通道時，才會形成一條天然水路。

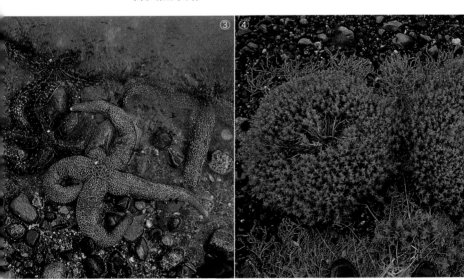

①冰河灣有各式各樣的貝類，是水鳥主食之一。
②在岸邊發現一只形狀姣好的螺旋貝殼。
③海星分佈於低潮汐區，通常要等乾潮時分才看得到。
④圖為 Seabeach Sandwort，又稱 Beachgreens，是礫石灘常見植物。

削直的花崗岩壁，其磨光岩面乃被冰河雕鑿而成。

即使在這麼陡峭的岩壁上，植物仍能找到立足之地。

拜滿月之賜，那幾天最高潮水位均超過5公尺。第二天當我們划到史基摩水道附近，潮水漲得還不夠高，放眼盡是一片低平的雜草荒岸，一時竟看不出水道入口在哪兒。

「這裡會有水道嗎？怎麼看起來一點兒都不像？會不會找錯地方了？」我觀察附近地勢，覺得奇怪。

文堯拿出GPS和兩萬五千分之一等高線地形圖仔細定位，很肯定地說：「入口就在這一帶，錯不了！」GPS即有誤差也不會太離譜，頂多差個幾公尺。好吧，就先靠岸舒展筋骨，隨手拿出energy bar，一邊補充能量一邊耐心等待。

約莫等了半個鐘頭，奇蹟出現了。

我親眼看著，升漲的潮水到處流竄，一吋一吋，逐漸漫向荒地。當潮水一進入陸地最低凹處，便像是找到出口，開始急速湧入。海潮漸漸淹沒了礫石灘地，淹過了岸邊野草，在我們腳邊凹凸不平的泥濘灘岸，逐漸形成一道蜿蜒小溝。

隨著潮水不斷湧入，小溝逐漸成為細渠。潮水淹漫了兩側更多陸地，細渠繼續壯大聲勢，漸漸變成一條小溪流。在淅瀝淅瀝潮水聲中，眼前小溪繼續加寬、變深，逐漸形成一條約三、四公尺寬的天然水道。曾幾何時，原本擱在岸邊的沉重獨木舟，已隨潮水輕輕浮盪。

這般天造地設、「水到渠成」的景象，太匪夷所思了，我驚訝地說不出話來。彷彿海潮為了表示歡迎（或為前日的下馬威致歉），特地為我們在陸地上開闢一條行舟水道。若非親見，實在無法想像天底下有這麼神奇的事！

摩西出埃及記，是從大海中變出一條路來。我們划獨木舟，看到

的是在陸地中出現一條河。

　　同樣是高漲潮水，這回卻帶來莫大的驚喜，而非意外的驚險。小故事大道理，原來認識、尊重大自然，並配合大自然節律運作，才能過得愜意自在。

　　趁潮水高漲，輕舟划過清幽靜謐的史基摩水道。沿途林木蒼翠，綠意扶疏。低頭一看，發現舟底下剛被淹沒的青翠水草，忙不迭冒出一成串小氣泡，像吐露一粒粒晶瑩剔透的水晶，巧奪天工令人驚嘆。猜是草裡藏匿的空氣忽被潮水淹噬，紛紛急著竄出，奔向自由空中。

　　抬頭見遠處成群海鷗翱翔，姿態輕盈優美。一隻白頭海鷗正展翅盤旋，凌空飛掠。三兩隻潛鳥捉迷藏似地，水上水下忙著覓食。清涼空氣充滿海潮味與濕潤泥草的芳香。四下邈無人煙，此情此景，真有置身桃花源之感。

　　梭羅曾說：「我們需要荒野的滋補，或跋涉於沼澤中……或聞一聞沙沙聲中的菅茅草……。我們一方面急於探索學習一切事物，但另一方面，又希望一切事物保持神祕而無法探測，希望大地與海洋都能無限的狂野。因其不可探索，而永遠不為我們所探測。」

　　可不是麼，行舟至此，我已深深體會大地與海洋「無限的狂野」，那令人心悸的神祕和深不可測，無法度量也無法言喻的真、善、美。

柳暗花明又一村

　　慢慢划出水道，轉入寬闊的西臂灣，視野豁然開朗，面前出現一片碧綠大海。令人驚異的是，大海波瀾不興，像一面巨大明鏡，向天

際無盡延伸。我們對面是一脈花崗岩峰，氣勢磅礴卓拔挺立，彷若從透明平鏡倏乎拔起，映出了完整的岩峰倒影。

「哇，真的好美哦！」我和文堯不約而同發出驚嘆，被眼前大山大水壯闊景色深深震撼著。

山窮水盡疑無路，柳暗花明又一村。這麼一片廣闊大海竟如此清澈平靜，海水如此碧綠晶瑩。遠處山峰靄靄白雪，近處峽灣嶔崎深峻，海面薄霧輕起，山嵐縹緲繚繞，如置身仙境一般。前夜潮水驚魂早拋到九霄雲外了，此時只願沉醉夢幻奇景中，天長地久於此度過餘生。

其實，真有古人在冰河灣住上一輩子。喬伊・艾巴契（Joe Ibach）可能是最著名例子，但他當時是為了追尋淘金夢而來的。

1925年，喬伊在雷德灣口北邊發現一些金塊，立刻申請採礦權，適逢冰河灣國家紀念地（National Monument）成立，開發和環保如火如荼爭議之際。喬伊卻不願放棄一夜致富的夢想，和太太瑪姿（Muz）在雷德灣口蓋了一間小木屋，所有日常生活所需均仰賴船隻補給。因當地貧瘠凍土不適農耕，連種菜土壤都要從外地運載進來。他們仍然克服萬難，而且一待就超過三十年。直到瑪姿在1959年病逝，喬伊遂於1960年自殺結束生命。或許因為始終無法圓夢，心灰意冷又難以忍受獨自生活的孤寂吧。

我們划到雷德灣口，上了岸，在陰森潮溼的密叢中找到一間殘破小木屋，斷垣殘壁，屋旁依然立著艾巴契夫妻當年親手種下的三棵雲杉，孤伶伶帶著淒涼。自己雖嚮往自然荒野，但這般沒水沒電、與外界隔絕的冰寒世界，我懷疑自己能否有那般決心與勇氣，堅持住上一

輩子？難怪艾巴契夫婦尋夢的故事流傳至今已成爲一段佳話，被詳實紀錄於國家公園歷史中。

在雷德灣口休息時，我們遇到三位划舟客。見他們前進速度很快，相談之下，得知原來三位都是專業划舟講師（kayaking instructors），我們兩天才能划完的行程，他們不到一天就走完。大概看我們划得太慢，離去前他們還好心示範划槳動作，指點正確划舟要領。

①美麗的紫色貝殼，在冰河灣隨處可見。
②划舟經過史基摩灣口，岸邊海鷗成群振翅飛起。

　　回想起來，此三人竟是這趟划舟旅程唯一「面對面」遇到的人類。

　　經高人指點，加上熟能生巧，往後幾天划舟愈加得心應手。只不過，搬舟搬得很累。雖已盡量按潮汐作息，有時為了趕路，無法坐等潮水，不得不咬緊牙根抬舟下岸。偏偏潮間帶很平緩，常要抬上好長一段距離才能「下海」。每搬完千斤重的舟，常一口氣喘不過來，力氣幾乎用罄。

　　冰河灣年雨量豐沛，平均一年有228天下雨（或下雪），壞天氣機率超過六成，因此天公不作美是很正常的。我們已算運氣不錯了，僅微風細雨，沒遇上真正強風暴雨。

　　一連數天多雲偶陣雨。迷濛的雨，讓四周景色朦朧淒美，難怪台語會用「水噹噹」形容「美」的感覺。靜靜坐在舟中雨中，「上下皆水」是一種奇特經驗。聽著淅瀝淅瀝雨聲，不疾不徐划槳前行，讓人想起蘇軾的〈定風波〉：「莫聽穿林打葉聲，何妨吟嘯且徐行。竹杖芒鞋輕勝馬，誰怕？一簑煙雨任平生。」

　　是啊，多麼瀟灑浪漫的人生姿態啊！既已身處風雨，既來之則安之，何不放慢腳步，吟詩高歌呢？自己頭戴寬沿雨帽，身穿雨衣褲，頗像周中漁翁穿簑戴笠的裝扮。若把「竹杖芒鞋輕勝馬」改成「划槳膠鞋輕勝車」，就更貼切了。

　　阿拉斯加氣候多變是出了名的。雨後，晴空乍現，清風拂面，偶見落日西山，剛好接著朗誦：「料峭春寒吹酒醒，微冷，山頭斜照卻相迎」。如果竟日陰晴不定，一會兒出太陽一下又飄雨，那真是「回首向來蕭瑟處，歸去，也無風雨也無晴。」

①在雷德灣口的潮間帶，映出對岸山峰的美麗倒影。
②青山碧水醉迷茫，流雲仙境畫如詩。

①

②

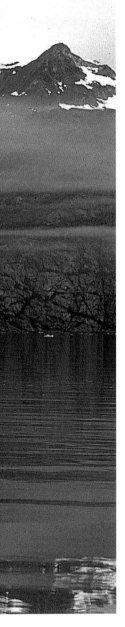

熊掌翻石如菜鏟

在那幾天，我們如願探訪了雷德冰河（Reid Glacier）、藍普魯夫冰河（Lamplugh Glacier）、以及約翰斯・霍普金斯冰河（Johns Hopkins Glacier）。最累的一天，曾連續划舟12小時，爲彌補落後進度。當兩手划得很酸，酸得像灌了醋似的，就想，若能換雙腳來划多好。因爲爬山爬慣了，我的腿肌應比手肌強健有力。無奈划舟主要倚靠手臂和肩腰的力量。即使自認很會走很會揹，划舟時雙腳只能藏在舟艙裡，幾乎一點用都沒有。

最棒的營地，是在塔爾灣口（Tarr Inlet），一個稱爲羅梭島（Russell Island）小島西北側。不但野花遍地，而且全景視野極佳：看向西北，可看到大太平洋冰河（Grand Pacific Glacier），往西南，是藍普魯夫冰河，往南望，則是雷德冰河。站在突出的海邊眺望，三個冰河盡收眼底，何其有幸，享有這般十星級的壯麗景致。

倒數第二天，我們正划向最後一站瑪格麗冰河（Margerie Glacier）。天空飄著細雨，四周濃霧籠罩。灰濛濛世界，分不清海天交會處。雖然在霧中划舟自有一番神秘曠遠意境，但當我們根據GPS及地圖指示，費力划到離瑪格麗冰河約一公里的地方，卻見白茫茫一片。因能見度太低，根本看不見冰河在哪兒！

鍛羽而歸，心想烏雲後有晴天，定能見其廬山眞面目。天色已晚，便開始找營地。雖看不見對岸，近處哪裡有溪水哪裡是平地倒不難辨認。從地圖研判，沖積扇往北走應有不錯營地，我們就划呀划，不時探看岸邊尋找合適營地。不久竟發現，岸上有一棕色物體和我們

山在虛無縹緲間，薄霧中的冰河灣有種神秘超凡的美。

划出史基摩水道，整個大海鏡如止水，靜得不可思議。

沿岸並行，正慢慢往前移動。

「咦，前面有熊，熊眞的出現了。」這是我們看到的第一隻棕熊，我發覺自己語氣平靜，沒有過度反應，可能因爲坐在舟裡而非身在岸上，隔著距離。其實過去幾天常見熊糞和熊腳印，現下乍然見到本尊，倒也做了充分心理準備。

熊發現有人划船接近，停住腳步，抬頭看看我們，不一會兒便自顧自繼續低頭找食物，不再理會我們。但我們卻不能不理牠，因爲牠也往北走，跟我們方向一致。天色昏暗，熊沿著岸走，我們沿著岸划，不同空間的兩條平行線，理論上不會有交集，心裡仍然怕怕，怕熊一時不爽，下海來攻擊。

後來發現熊一直往北，朝我們預定營地前行，我們只好當機立斷，掉頭往南尋找其他營地，還好熊沒跟著轉頭。那夜的雨愈下愈大，唏哩嘩啦打在外帳上，把潮水聲都蓋住了。我想就算有熊經過，也聽不見牠的腳步聲。

最後一天，經過羅梭島東側，我們划過一大片沖積扇，看到好多極地燕鷗。還有海豹，突然從水中露出可愛圓臉，瞪著兩隻大大眼睛，好奇地觀察我們。這一帶食物可能比較豐富，當我們划到沖積扇南側，又見一隻棕熊在岸邊覓食。

划近一點看仔細些，牠似乎在翻找大石頭底下的蚌貝吃，這隻比昨天那隻個兒小些，卻很孔武有力，但見灘邊一顆顆比籃球還大的石頭，牠用一隻熊掌把大石頭翻過來、撥過去，簡直是「易如反掌」，好像拿鍋鏟在翻菜似的。更令人驚訝的是，過沒多久，牠居然在我們面前下水游泳！不是游向我們，而是游過沖積扇中間的河口。我們急

---

①艾巴契夫婦半個多世紀前在雷德灣口蓋的小木屋。
②岸邊有一潺潺山泉，文堯拿著水袋上岸取水。

忙在雨中掏出相機，可惜烏雲密布天色很暗，拍得不夠清楚。這是第二隻熊。

一路南下，在彎渡灣口北岸約三公里處，我們又看到一隻棕熊躺在一塊石頭上睡覺。這一帶的熊可真多啊！這隻毛色較深，體型比前兩隻魁梧，應是公熊。我看牠仰睡姿勢很有趣，輕聲要文堯趕緊用長鏡頭拍攝，可那熊不久就被話聲吵醒，抬頭看我們，見怪不怪，慵懶的打個哈欠，伸伸懶腰，轉身沿著岸邊走，牠突然站起身來，在樹幹上磨蹭一下腰背，慢慢踱向身後樹林，就消失不見了。這是第三隻熊。

樹枝折斷聲，又是熊！

那晚，我們就在彎渡灣口北岸兩公里之處紮營。時值潮水高漲，免去抬舟之苦，營地平坦，位於滿潮線之上，後方一片密林，岸上又完全沒有熊掌印或熊糞，簡直太完美了！這是荒野最後一夜，經過一整周洗禮與鍛鍊，終於苦盡甘來，明天就要回到文明世界，不到九點便鑽進帳篷寬心就寢。

未料，闔眼不久，便聽到帳篷左後方林子傳來奇怪聲音，好像有東西從樹林走出來，一路喀哩喀喳，發出清脆響亮的樹枝折斷聲，顯然來者力氣非比常人，卻肯定不是人。

聲音愈來愈大，愈來愈近。除了樹枝折斷喀喳劈啪聲，還聽得到沉重腳步聲。我和文堯早已從睡袋中驚醒，坐起身子，屏氣凝神，面面相覷。

「完了，是熊！」我感到背脊一陣冰涼，聲音竟有些顫抖。

腦海裡倏乎閃過公園錄影帶的解說。熊很聰明，行為很難預測。

萬一不小心遇見，如果距離夠遠而熊還沒看到你，就慢慢退後，設法繞道或改變路線。如果熊已經看到你了，就要鎮定面對，在原地「盡量將自己變大」。

可是我們已經待在帳篷裡，是熊自己走過來的。即使想「敬而遠

茫茫冰海中，有我一葉舟。

之」，也絲毫動彈不得。而且帳篷就這麼大，又該如何「變大」？！

何況，兩人躲在帳篷裡並不安全，熊看不到卻聞得到我們。我又想起錄影帶有一段內容，是熊看到一個空帳篷，一時興起（不知基於好奇或純粹好玩），便用力踩踏帳篷。但如果帳篷裡有人呢？那該怎麼辦？

儘管帳篷沒任何食物，但若不幸遇到一隻會吃人的熊，把我們當食物呢？帳篷不就一片薄塑料布，只要熊爪隨便一刮劃，就足以把帳篷整個扯破。接下來會怎樣，我根本不敢想。

①海水映著白雪皚皚的山峰倒影，感覺更像在「冰海中」划舟。
②在海邊發現一只蚌殼，不知熊吃不吃這玩意兒？
③這隻海星形狀十分有趣，像一個人在奔跑。
④尋找營地時，見沙地上有一列新鮮熊掌印。

　　此時我們手頭上唯一能對抗熊的武器，只有噴熊辣椒罐（Pepper spray）。

　　理論上，當情況危急時，拿辣椒罐對著熊眼噴灑，可趁牠眼睛一時無法張開，趕緊逃離現場，或有活命機會。來阿拉斯加這麼多趟，十幾年來我們從沒真正試過這招，只是隨身帶著以防萬一。

　　文堯立刻取出辣椒罐，拿小刀將封口切開，握著罐按住噴口，做好準備動作。我雖然很害怕但也不能閒著，一邊用力拍手一邊大聲喊話：「熊你不要過來！熊你趕快走開！這邊有人！拜託請快點離開！」藉此「壯大聲勢」並讓牠知道我們的存在。

　　樹枝折斷聲嘎然而止，熊已走出了樹林。我感覺得到，牠就在帳外，

因為聽得到牠沉重的腳步聲，還有「喝、喝」濃重的呼氣喘息聲。鼻子靈敏的牠應已聞到帳裡有人，也看到我們的帳篷和獨木舟了。

不一會兒，再度聽到熊「咚、咚、咚」沉重的腳步聲。緊張地呼吸都快停了。還好，牠只是踱步走過帳外。接著鑽進右後方樹林中，又是劈哩啪啦、一連串枝幹斷折聲，聲音漸行漸遠。

前後不過短短幾分鐘，生死攸關之際，竟似一個世紀那麼長。

如凱旋而歸的勇士

四下靜寂，熊應已走遠，自己仍心有餘悸，胸口「砰、砰」噗通噗通跳。覺得好恐怖，手掌都沁出汗來。出帳查看，熊已不知去向。看著寬闊平

①濛濛細雨中，在岸邊找東西吃的二號熊。
②二號熊在潮間帶專心覓食，翻撥石頭易如反掌。

瑪格麗冰河（Margerie Glacier）位於泰爾灣口盡頭，我們就在對岸紮營。

靜的海灣，天邊乍現一小道彩虹，襯著粉紅淡紫的輕柔晚霞。

從沒和熊這麼貼近過，連熊喘息都聽得一清二楚。已聽過太多熊攻擊人的可怕故事，那最後一夜的感覺，真有如「熊口餘生」。慶幸能逃過一劫。但也因為太恐懼太緊張了，又擔心熊去而復返，整夜輾轉反側，難以成眠。

回想起來，還有些匪夷所思，我們全程只碰見三個人，卻遇到了四隻熊！

而且相較之下，無論颳大風、作大浪、漲大潮、起大霧、下大雨甚或打悶雷，都不及棕熊令人心驚膽戰。

隔天清晨往南划到彎渡灣口，岸上也沒任何記號，除了一疊堆高石塊。在岸上休息時，發現連日來長時間划槳，十個手指已被浸泡得

①

翻白脫皮，有些腫脹。這是因為划舟手套Neoprene材質保溫卻不防水，雙手一直接觸海水的結果。邊等船邊吃葡萄乾，文堯把手指放進嘴裡嚐了一下：「呃，都變鹹魚手了……」還幽默地說，以後煮菜都不用加鹽調味了，只要舔舔手指就好，惹得我差點兒笑岔了氣。

公園遊船在十點半準時出現。看到甲板上又站著一排看熱鬧的圍觀者，對我們好奇行注目禮，又彷彿歡迎我們安全凱旋歸來。我和文堯奮力將舟抬舉上船，發現它似乎變輕了，還是自己變得更強壯了？

待我們上船，一位老先生用嘉許的眼神稱讚道：「你們真的非常勇敢！」（You are very brave!）我只是含笑稱謝。另一位老太太問我看到什麼？好不好玩？我點頭如搗蒜，直說非常好玩，卻不知該從何講起，因為經歷的有趣故事實在太多了。

①這隻熊本來在石頭上睡覺，被我們稱為三號熊。
②熊來去自如，鑽進樹林前，還站起來用樹枝搔背。

在船艙櫃台拿了一杯香濃的熱咖啡，拎著相機站到甲板上，讓自己也變成一位純粹賞景的觀光客。經歷連日來舟中雨中的寒冷潮溼，便愈能體會在遮風避雨又有柔軟沙發的公園遊船上，是多麼乾爽舒適，多麼平安幸福。

遊船突然減速，播音器傳來解說員的聲音，原來遠遠的岸邊沖積扇有一隻熊。大家用望遠鏡努力尋找小小熊影。

「啊，是二號熊，牠昨天還在我們面前游泳哩！」用長鏡頭拉過去看，在相機觀景窗內那隻熊只是一個小小棕點，我仍認得牠的體型毛色還有用熊掌翻石頭的模樣。

也是直到此時此刻，我才終於瞭解，在舟裡和在船上所看到的自然荒野景色，究竟在「真實的」、「生動的」、「令人心悸的」程度上，有何不同。

而如果我們沒划舟沒上岸紮營，將會錯過多少擦身而過的，美麗的驚奇。

①在潮間帶以上的狹窄草地紮營，後方即是茂密樹林。
②將舟靠岸稍事休息，海水清澈見底，卵石歷歷（粒粒）在目。

①望向約翰斯‧霍普金斯冰河前端，湛藍海水點綴著無數浮冰。
②藍天碧海冰河灣，海水藍得出奇，美得難以形容。

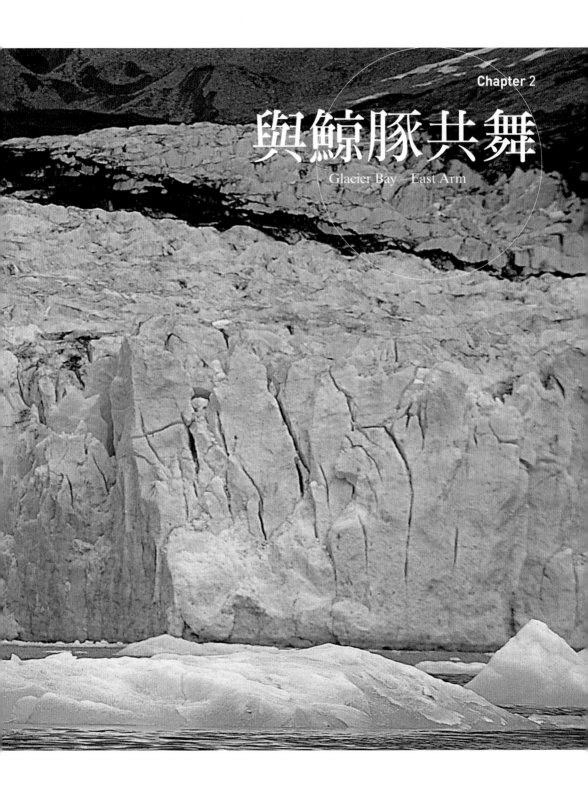

Chapter 2

與鯨豚共舞

Glacier Bay – East Arm

細說從前，冰河灣的發現

要說誰最早發現冰河灣，其實在千百年前，阿拉斯加東南的特領吉特印第安人（Tlingit）即活動於今日冰河灣一帶。拜豐富海洋資源之賜，他們以捕捉鮭魚、海豹、海獺、鯨魚維生，過著採集狩獵的生活。直到八百年前，因氣候轉寒導致冰河前進，迫使他們遷離冰河灣，在冰海峽（Icy Strait）對岸的胡納村（Hoonah）定居下來。那時冰河灣被胡納部族稱爲 "Sit-a-da-kay"（"Ice Bay" 即冰灣之意），直至今日，仍被視爲他們祖先的故鄉。

歐洲白人發現冰河灣，最早可溯至十八世紀中葉。公元1741年，那時阿拉斯加仍不歸美國所有。契里可夫船長（Capt. Alexei Ilich Tchirikov）受僱於當時俄國沙皇，駕著聖保羅號來到冰河灣附近，看到沿海盡是冰雪覆蓋的連綿山脈時，說道：「這一定是美洲了⋯⋯」

首度將此區用文字紀錄下來的，卻是英國著名的航海家詹姆斯・庫克船長（Capt. James Cook）。在1778年5月3日庫克船長在航海日誌寫著：「在一座非常高的山峰下，有個大海灣⋯⋯」因爲當天晴空萬里，他便將那座高峰命名爲「晴天山」（Mount Fairweather），山下的大海灣則取名「跨海峽」（Cross Sound）。他還寫道：「那山脈從峰頂到山腳，全被白雪覆蓋，僅有少數地方沒有雪⋯⋯」

當時，隨同庫克船長航行至此的喬治・溫哥華（George Vancouver），在1794年以「發現號」船長身份，再度回到冰河灣。他在跨海峽南邊靠岸，派遣一支探勘隊伍，乘小船艇從今日史賓瑟

海岬（Cape Spencer）往冰河灣前進，想勘探此區陸地。探勘艇從丹德斯點（Point Dundas）一路向東航行十餘公里，當他們到達卡羅拉斯點（Point Carolus）──即冰河灣口附近，看到的景象是由冰塊砌成的一面峻險冰牆，橫阻在海灣入口處。其實他們看到的，正是巨大冰河的前端。

1867年，美國從俄國手中買下阿拉斯加。第一位到阿拉斯加探勘的美國人應是查理斯·伍德中尉（Lieutenant Charles Wood），他和原住民嚮導在1877年划木舟到冰河灣上游探看，在忽米勒灣口（Hugh Miller Inlet）附近紮營。當時，冰河主體已退至今日羅梭島南緣。

1879年，美國著名的自然學家約翰·繆爾（John Muir）首次來

晴天山脈的日出綺景，拍攝於凌晨四點左右。

到阿拉斯加東南區，並組隊划舟至冰河灣，隨行有傳教士楊牧師（S. Hall Young）和四位特領吉特印地安人。當繆爾拿著溫哥華船長所繪地圖，一行人來到冰河灣附近，卻因雲雨陰霾能見度低而迷路，在黑暗暴風雨中被迫在覆滿冰雪的海岸紮營。後來幸運遇到在附近獵海豹的當地胡納人，願意當嚮導帶他們進入冰河灣。當風雨交加，所有人都在營地休息，繆爾卻在惡劣天候中，獨自爬上幾百公尺高處，俯瞰眼前因冰河退縮而暴露的大片新領域。他這麼描述當時首次發現冰河灣的情景：

　　我攀爬了一千五百英呎，站在第二條大冰河稜脊上，眼前所有的景物都被埋在雲裡……。終於，烏雲開了些，在灰色雲端邊緣，我看到了被冰山填滿的遼闊海灣，海灣周圍的連綿山腳，還有氣勢宏偉巨大的五條冰河正面，最近一條就在我腳下。這是我第一次概略看到的冰河灣，由冰與雪與新生的岩石所構成的孤絕個體，黯淡、沉悶、而神祕。

　　繆爾在1880年和1890年再度造訪冰河灣，並在1890年，在當時冰河前端萊特山（Mt. Wright）山腳蓋了一間小木屋，做為觀察冰河

圖為胡納族印第安人的木雕，冰河灣是他們的家鄉。

的據點。那時冰河已退至今日繆爾海岬（Muir Point）。繆爾遺留的田野寫生與繪畫，爲當時冰河退卻的規模和位置下了註腳。

滄海桑田，物換星移。冰河在兩百多年間退卻百餘公里，原本被冰覆蓋的冰河灣，如今已成爲「Y」型海灣。因形狀如一個人伸出兩隻手，左邊的慣稱「西臂灣」，右邊的則是「東臂灣」（East Arm）。

新生的海灣，也使得巨型郵輪從冰河灣的入口巴雷特海灣一路北上，直抵美加邊界的大太平洋冰河，前進一百公里都不會被冰河擋住去路。

聽說，東臂灣比西臂灣更美

我們頭次划舟探訪西臂灣的雷德冰河、藍普魯夫冰河、約翰·霍普金斯冰河、及瑪格麗冰河。這些冰河均爲潮水冰河（tidewater glacier）──就是流動入海的冰河。因冰河末端與海水接觸，經年累月受到潮水的衝擊與侵蝕作用，以致發生「冰崩」現象（英文慣稱calving），是冰河灣最吸引人的自然景觀之一。

在西臂灣划舟，最大好處是能近距離欣賞上述潮水冰河。然而最大缺點，就是會遇上巨型郵輪（cruise ship）。

園方自1985年開始對所有船隻實施管制，因爲船的油漬會帶來水污染，廢氣則會影響冰河灣空氣品質，船隻行進往返更可能會撞上海豚鯨魚，對該區野生動物──特別是對海洋哺乳類產生衝擊。儘管大型郵輪負面影響最大，卻無法禁止，因爲那已成爲冰河灣的觀光主流。2009年冰河灣訪客約有44萬多人次，其中超過95%是坐郵輪進來的；荒野使用者僅750位，猶不及千分之二。

　　爲了兼顧國家公園生態保育宗旨與遊憩休閒功能，園方依據環境影響評估報告採取了管制措施，目前每天最多不得超過兩艘巨型郵輪，在六、七、八這三月郵輪總配額是153艘。此外對其他商業遊船和私人船隻均有數量和船速設限。爲了減低對天然小海灣的負面衝擊影響，園方每隔幾年便會更換公園遊船在東西臂灣drop off / pick up的位置。

　　可乘載數千人的郵輪，被老美形容爲「一座移動的城市」（like

a moving city）真是再貼切不過了，和冰河灣原始荒野也不太搭調。我尤其害怕郵輪經過所帶起的水波。即使緩緩駛過，但那波浪非可等閒視之。每次一看到郵輪出現，我們寧可趕快逃到岸上迴避，等郵輪離去再下水划舟。

有次來不及上岸迴避，見大浪來勢洶洶，急忙把獨木舟90度掉轉，讓舟頭和波浪方向垂直，這樣舟身便不易被浪打翻。一陣陣波濤洶湧而至，也就罷了，我們的舟剛好就在一面崖壁旁，大浪撲向後方陡峭岩壁，再「磅礡激昂」整個反彈回來，衝激作用加乘下，我們在舟裡隨巨浪「噗通、噗通」高低擺盪，像坐雲霄飛車，十分駭人。

因為園方規定郵輪只能走西臂灣，喜歡幽靜獨處的划舟客自然會選擇東臂灣，也因此有了東臂灣比西臂灣更清幽更美的說法。

我覺得東西臂灣景色不分軒輊，一樣觸目荒野，碧藍海水。儘管繆爾灣口（Muir Inlet）沿岸山巒不及西臂灣高峻，但少了郵輪，似乎連清澈大海也益顯寧靜純樸，更能讓人體會東坡居士〈前赤壁賦〉描述的山水與心境：

> 白露橫江，水光接天。縱一葦之所如，凌萬頃之茫然。浩浩乎如憑虛御風，而不知其所止，飄飄乎如遺世獨立，羽化而登仙。……寄蜉蝣於天地，渺滄海之一粟。

江上清風與山間明月，取之不盡用之不竭，果然是造物者無盡寶藏。只不過，下午依然會起風，東臂灣地形又較為狹直，有時從上游吹下的風勁甚至比西臂灣更強。沿途當然也沒任何標誌營地茅廁等設施，若不慎翻舟溺水，一樣求救無門，沒人能幫忙。

但迎著風迎著浪，我已不再心生無謂的恐懼。風平浪靜，面對

圖為西臂灣的晴天山脈，庫克船長在兩百多年前為之命名。

繆爾初訪冰河灣時，或許就看到這樣一面冰牆。圖為藍普魯夫冰河（Lamplugh Glacier）

繆爾灣口的夕陽與崖壁挾恃的狹灣。

美如詩畫的世外桃源,更覺逍遙自在。多雨的冰河灣,陽光躲在烏雲後,那景致正如泰戈爾所描繪的:「當烏雲與光親吻時,烏雲便變成了天上的花朵。」(Dark clouds become heaven's flowers when kissed by light.)

而最應景的莫過於這幾句詩:「尋找你的美麗吧,我的心呵,從這世界的浮動中,猶如那帆船在風與水中的雅緻。」(Find your beauty, my heart, from the world's movement, like the boat that has the grace of the wind and the water.)

在繆爾冰河緬懷繆爾

東臂灣主體是繆爾灣口,上游有一繆爾冰河(Muir Glacier)。所以取名繆爾,因自冰河退卻,約翰・繆爾是第一位划舟進入這條冰河的白人。

繆爾畢生致力於自然荒野保護,被世人譽為「美國國家公園之父」,是我非常敬仰的環保先賢。他在《阿拉斯加之旅》(*Travels in Alaska*)書中,對冰河灣地區有翔實生動的描述。最記得繆爾在1879年首度探訪冰河灣,回程途中所經歷的「狂野暴風雨之夜」。那晚,同行的楊牧師和繆爾睡一頂帳篷。風雨實在太大,帳篷嚴重漏水。平躺的楊牧師拿起繆爾的手,放到自己身子底下七、八公分積水中說:「感覺一下這個。」繆爾寬言安慰說:「別在意,那只是水。現在每樣東西都濕了。還好很快就天亮,就能升火把衣服烘乾了。」同行的四位印地安原住民就睡在隔壁帳裡,境遇更濕、更慘。他們的帳篷不僅連夜漏水,還被吹垮了好幾次。

　　而當周圍樹木被狂風暴雨吹得東倒西歪，繆爾竟仍如此讚嘆：
「樹是怎樣熱情歡迎那賜予生命的雨水啊！」（With what grateful
enthusiasm the trees welcomed the life-giving rain!）　不論處境多麼艱
難困厄，繆爾總抱持正面樂觀的態度詠頌大自然，從不怨天尤人，
這是一般人很難做到的。

　　「陽光照在我們心上，而非身上。河水穿流我們軀體，而非從
旁流過。」（The sun shines not on us, but in us. The rivers flow not
past but through us.）這大概是繆爾最有名的一段話了。能有這番通
徹體悟，真是臻於天人合一的境界了。

　　我們顯然幸運得多，在冰河灣不曾整夜被迫睡在積水中，帳篷
也從未吹垮。可我還是很羨慕繆爾除了有楊牧師伴行，還有四位強
壯的印地安人幫忙划舟、探路、抬舟、卸貨、紮營、炊煮、顧船、

自然潔淨的冰河灣，荒野隨處一框都是一幅美景。

保護安全，甚至無論何時何地都能捕食新鮮的鮭魚。

繆爾一行六人坐的木舟是canoe而非kayak，前者體積較大，可容納較多人，且眞是用木頭而非塑膠製成。後來繆爾一行人又遇到可怕的颶風大浪，在划過一處地勢狹窄的海岬，一個巨浪襲來，突然把木舟抬起，猛摔至岸邊兩個大圓石間。繆爾形容，只要前後再偏個三、四十公分，木舟肯定摔得粉碎。在狂風巨浪中沉浮，木舟完全無法掌控，情況有多危險呢？連勇敢大膽的繆爾都要先把鞋帶鬆開，以便萬一翻船能即時游泳逃生。

《阿拉斯加之旅》是繆爾生前最後一本著作，書中對冰河灣深刻動人的描述，還有對冰河與植被生態的觀察記錄，逐漸引起社會大眾的注意與重視，並起了推波助瀾之效，在科學家和保育學者間蔚爲一股風潮，主張將冰河灣劃爲國家保護區。

1923年，美國生態學會（the Ecological Society of America）是第一個採取行動保護冰河灣的保育組織，在明尼蘇達大學威廉・庫裴教授（Dr. William S. Cooper）領導下做了一連串相關生態研究，將研究報告直接送到華盛頓特區，並建議由總統直接宣告冰河灣成爲「國家紀念地」（National Monument——國家紀念地可由總統宣告成立，國家公園則須經國會通過）。該學會並動員向社會其他組織尋求協助，結果有超過八十個組織予以支持。

在內政部建言下，庫立齊總統（President Calvin Coolidge）在1924年宣告暫將冰河灣劃入聯邦管轄區。當時美國環保意識仍處萌芽階段，此舉引起保育與開發爭議軒然大波，遭受當地居民強烈反彈。朱諾日報（*Juneau Daily Empire*）甚至火上加油，用煽動字眼抨

①接近麥克布萊德冰河，海面浮冰也愈來愈多。
②圖中左側岩峰，是穆爾灣口上游的白雷山脊（White Thunder Ridge）。

①

②

擊總統這項行動是「畸形荒謬的提案」，宣稱將有數千畝肥沃農地被禁止開發，此外如採礦、水力發電、伐木業也會被凍結。「此提案讓人懷疑聯邦是否為了迎合那些追求環保時尚的人，以致發了瘋。」該報編輯並下了這般激進結論。

現下看來，朱諾日報「開發派評論」不但誇張，更缺乏遠見。其實對保育人士污名化，美國在十九世紀陸續成立國家公園就開始了，到二十世紀早已不足為奇。雖面對反對聲浪，庫立齊總統仍於1925年宣告成立「冰河灣國家紀念地」（Glacier Bay National Monument），這就是為何冰河灣迄今仍未被開挖破壞，依然保有原始的自然風貌。

②

何謂「逆水行舟，不進則退」

　　保護區成立時，面積不到今日一半，小羅斯福總統（Franklin Roosevelt）在1939年將面積加倍。1980年國會通過「阿拉斯加國家土地保育法案」（Alaska National Interest Lands Conservation Act），將冰河灣晉級為國家公園，總面積增至將近三百三十萬英畝，其中85%劃為荒野區（Wilderness Area），受到最高規格保護。1986年冰河灣被列為「聯合國生物保育區」（UN Biosphere Reserve），並在1992年被聯合國教科文組織指定為「世界自然遺產」（World Heritage Site）。

①沙灘上發現無數鳥爪印，到處印著三角形，十分有趣。
②鯨魚並不太怕人，有時會游過來離我們很近。

　　繆爾於1914年過世，並不知道他所鍾愛的冰河灣後來成爲國家公園。但當我讀到這些自然保育史，就更能體會繆爾的深刻影響與巨大貢獻。

　　繆爾當然也不知道，繆爾冰河因持續縮退，冰河前端已懸掛山谷，不再是潮水冰河了。目前東臂灣唯一的潮水冰河，是麥克布萊德冰河（McBride Glacier），也是我們認爲全段最美的地方。

　　麥克布萊德冰河也在縮退中，冰崩現象相當活躍。最令人驚豔的是海口內外遍佈浮冰。之所以浮冰遍佈，是因有個狹窄出入口，猶如瓶頸，崩碎浮冰不易通過瓶頸散到外海，便被圈圍侷限在海口

內，隨著潮漲潮退，擱在兩岸礫石灘上。

正因它具有瓶子般「肚大頸窄」的特殊地形，退潮時，潮水通過頸口往外奔流便特別湍急，且衝力十足。我們頭一次抵達此冰河狹窄入口，剛好遇上退潮，儘管書上建議等平潮或漲潮再順勢划進冰河口，但眼看目的地就在面前幾百公尺，再划一下就到，就好比山頂就快到了，怎麼可能枯在原地乾等？不過短短一段距離，我和文堯都這麼想，逆流而上，只要拼命划，應足以克服任何「逆境」，不會太困難。

豈知，當我們一鼓作氣，划向那狹窄入口，快速向前衝，拼命划，連續不停地划。用力划了很久，感覺比跑百米衝刺還累，還喘。卻發覺，咦，那看似一蹴可及的岸邊，怎麼好像愈來愈遠了咧？

原來，一划到狹窄入口附近，獨木舟就被一股強大力量挾持，如捲進了水漩，身不由己，被全力傾洩的退潮，一直向外帶。我們使盡力氣，卻如螳臂擋車，根本擋不住迎面而來的湍急潮水。不但絲毫無法前進，還被逼得愈划愈後退！

至此我才深深體會「逆水行舟，不進則退」，那股力道有多麼驚人。

「天下柔弱莫過於水，而攻堅強者莫之能勝，其無以易之。弱之勝強，柔之勝剛，天下莫不知，莫能行。」正如老子這充滿智慧的哲語，自然界巨大而奧妙的力量，可懼而可敬。人定勝天，不過是自欺欺人。

發覺事態不妙，我們不再無謂掙扎，與其拼命和逆流搏鬥，不如退後，斜划至離入口稍遠的岸邊休息，吃些乾糧補充能量，耐心等待較佳時機。

人生不也常這樣？遇到逆境險阻，橫衝直撞不行，就迂迴繞道以智取。山不轉路轉，路不轉人轉。退一步，自然就海闊天空了。

近處是因退潮而擱淺的冰塊，遠方即是麥克布萊德冰河。

等了兩個多小時，待乾潮時分，我們再嘗試一次，終於順利划過狹窄入口，在佈滿浮冰的麥克布萊德海口北側靠了岸。

英國紳士的暖暖人情

一抬頭，意外發覺岸上有人。那人身子高碩，朝我們走來。一開口就是濃濃英國腔，不易聽懂，又不能一直問 "I beg your pardon?" 只好專心聽，勉力應對，不時微笑點頭。得知他名叫瑞克（Rick Abbott），頭髮有些花白，看起來比我們大得多。他們一行共四人，其他三位也來自英國。

①在麥克布萊德冰河佈滿冰山的海裡划舟。
②英國紳士瑞克年逾六十，就盤坐在地上煮茶喝。

②

冰河前端像一面冰牆，划舟客顯得如此渺小。

　　正閒聊間，遠處傳來陣陣高亢的狼嚎，像隔空喊話似的，此起彼落，迴盪在靜謐的山谷中。「聽！是狼嚎，昨晚我們就聽到這狼叫聲了……。」我四處張望，看不到狼群在哪兒，狼嚎卻直入心肺，令人胸懷激盪。瑞克閉目傾聽。過一會兒才說：「這裡真是美的讓人無法置信！」看他那一副專注陶醉的表情，我相信他是真的愛上這裡了。

　　始終認為，喜愛大自然的人，都是心胸開闊待人真誠的好人，瑞克也不例外。他開玩笑說，如不介意他們晚上打鼾太吵，就把帳篷搭在他們旁邊。他還建議我們先休息一下，待會兒漲潮，再和他們一起划到冰河前端。

　　聽他這麼說，我才注意到冰河前端離入口有好大一段距離，而且海口腹肚佈滿不少浮冰，有些冰山甚至比一輛車還大。在浮冰之間划舟確實蠻危險的。繆爾書中便提到特領吉特印地安人對於冰山非常敬畏，他們認為冰山會從海裡突然冒出來，一旦進入冰山監獄，可能永遠無法逃脫。獨木舟會被那些不易看到的小冰山撞破，或被夾困，或因靠近那些突然斷裂、滾動的大冰山而翻船。

　　瑞克提議結伴同行，有個照應會比較安全，當然好。不久潮水上漲，我們速度慢，就先出發。漲潮有助於我們划向冰河前端，但因一路逆風，划得很吃力。瑞克一行四人遲了半個鐘頭才出發，卻一下就追過我們。後來才知他們個個是運動好手，常在英國海邊划舟，瑞克還是攀岩教練，爬過優勝美地馳名國際的艦長岩（El Captain）！

　　英國紳士們划到離冰河正面約一公里多便停住了，只遠觀不敢褻玩，因擔心會突然冰崩，若躲避不及，獨木舟會被冰崩激起的大浪顛覆。

書上建議與潮水冰河至少要隔八百公尺，我們則距離一倍不止。

拿出相機，請瑞克當前景，以突顯冰河的宏偉壯闊。瑞克很樂意當模特兒，在面前划來划去，還一直問，這樣夠不夠好？要不要再划一次？可惜風浪很大，獨木舟搖晃顛簸，圖片拍得不夠清晰。

待拍完照，一行六人划回營地。我們不但殿後，而且落後很遠。看我們好不容易划回來，一副筋疲力竭狀，瑞克居然勞駕另外三位紳士，四人一起幫我們把還未卸貨的沉重獨木舟搬上岸，還抬到潮水線以上！這麼好心的舉動著實讓人吃驚，沒想到紳士們如此古道熱腸，一時感動得不知如何是好。我想到行囊裡有一大袋加州特產的甜梅棗（dried plums），忙把整袋拿去請客表示謝意。紳士們看到這美味又養生的點心很高興，吃得津津有味其樂融融。

麥克布萊德冰河因是東臂灣僅存的潮水冰河，便成為最熱門的紮營點。在我們入駐當天傍晚，又有兩位德國人出現灣口北岸。翌日，我們對面南岸出現了五位划舟客。後來得知他們來自加拿大，這個海口真的快變成聯合國夏令營了。

還有一次是在東臂灣的亞當斯灣口（Adams Inlet），也是因為找營地而結識曼蒂（Mandy Owens）一家三人，他們來自路易斯安納州，還帶釣竿，邊划舟邊釣魚，真是有夠酷！大家也是幫忙抬舟，比鄰而居，一起分享自然荒野的綺麗美景。

冰海中的暖暖人情，讓划舟的體驗更加深刻豐盈。而這，卻是我之前不曾預料的。大家來自世界各角落，用划舟這麼獨特方式，相識於廣袤的冰灣荒野，如滄海一粟，在浩瀚宇宙那某個特定時空點，一起風餐露宿。想想，這難能可貴的機緣，人生能有幾回？

乍見毛茸茸的，兩隻耳朵

值得一提的是，英國紳士們很會享受生活。麥克布萊德冰河營地附近常有冰山擱淺。我看到兩位英國紳士理查（Richard）和費爾德（Fred）走向岸邊的小冰山，拿著小鋤子將冰敲碎。起先看不出他們要做啥，後來看到其中一位拿著壓克力透明高腳杯，才發覺原來他們要把百年藍色冰塊拿來配酒喝！

正因會享受生活，這些紳士們炊煮食物也毫無顧忌，味道異常香濃，結果竟真把熊給引來了。

就是當他們鄰居的第一天傍晚，我和文堯面對面坐著煮飯，想

到人多勢眾，就很放心。我們晚餐還是一般登山脫水食物。隔壁紳士們不知在煮什麼，聞起來好香，令人垂涎欲滴。也讓人擔心，把營區弄得這麼香，他們難道不怕熊嗎？

　　說曹操，曹操到。我看到文堯背後不遠的小丘上，露出兩隻毛茸茸耳朵，然後腦杓，一雙眼睛，接著是高舉的鼻子，嘴巴，整顆頭，棕色身軀與四肢。一眨眼，眼前已出現一隻棕熊。

　　還來不及開口，文堯見我一臉驚恐，直盯他身後，轉頭一看，看到不遠處站著一隻熊。一驚之下，我們幾乎同時站起並大聲吆喝：「Bear! Bear! There is a bear!」

　　那熊看我們站起來大喊，這邊又一堆帳篷，也嚇一大跳，立刻

①四位英國紳士就曾這麼幫我們抬舟上岸。
②在麥克布萊德冰河營地和國際鄰居們的團體照。

②

①

①熊的行為無法預期，我們通常都敬鬼神而遠之。

②_____，應該也是熊的美食之一。

轉頭，夾著尾巴一溜煙跑了。

幾位正在炊煮美食的英國紳士們，一聽有熊，立刻跑出炊事帳。接下來的動作竟是跑到帳篷拿相機，再奔到我們面前直問："Where? Where?"邊舉起相機想拍熊。那熊已逃竄數百公尺外，一回頭，見人愈來愈多，立刻消失於遠方茂密的灌叢裡。

熊被嚇跑，瑞克還扼腕不已，怨嘆說他連一張照片都沒拍到，真是太可惜了！聽了差點兒沒昏倒。

另一次是只有我和文堯倆人，在萊特山北岸煮晚飯，突然看到一隻黑熊從林裡走出來，距離不過三、四百公尺。我一看到牠，就拼命吹哨子，讓牠知道這邊有人，牠卻視若無睹，一點也不在乎，繼續在岸邊徘徊找食物，十幾分鐘後，才慢慢踱回林裡。

那時天色已晚，我們本想就地紮營。不一會兒，見那黑熊又從林裡走出來，我又猛吹哨子，希望牠能自動遠離。其實牠早已看到

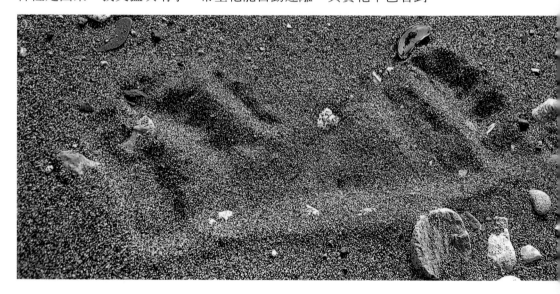

我們，只是完全不當回事，照樣我行我素，林邊海邊到處兜轉。井水不犯河水，也OK，但若半夜牠一高興來敲營帳，又該當如何？

黑熊體積比棕熊小，正面搏鬥仍有勝算，我們比較不怕。但雙方僵持不下，也不是辦法。最後我們不得不妥協，放棄在那岸邊紮營的打算。把全部家當重新搬上舟，在暮色中划至對面小島紮營。

可見，熊的行為真的很難預期。我們遇到的所有棕熊都會自動迴避人類，只有那隻黑熊，體型最小，也最不把我們放在眼裡。

正因熊的行為無法預期，園方設下了很多規定。例如不要在帳篷內炊煮，不要穿上沾有食物香味的衣服睡覺；除了食物，其他如肥皂牙膏保養霜這些有香味的用品都要放進熊罐。諸如此類不勝枚舉。據統計，在冰河灣遇見熊的機率約百分之一。機率不高，卻不能掉以輕心，因為熊是來去無蹤的「荒野大鑣客」，隨時可能成為不速之客。

①熊是荒野大鑣客，在沙地上常留下新鮮的熊掌印。
②在萊特山北邊亞當斯灣口附近划舟時，一隻熊沿岸走來。

聲東擊西的蠣鷸親鳥

我們曾在麥克布萊德冰河海口紮營好幾天，因其景色實在迷人。而有個「基地營」，步調更輕鬆愉快。有時間漫步於礫石灘，也有閑情逸致觀察潮間帶各式貝類和大小卵石，聽聞浪潮拍岸，學泰戈爾吟唱：「我不能保留你的波浪，」岸對河說：「我只能保留你的足印在我的心底。」（"I can not keep your waves," says the bank to the river. "Let me keep your footprints in my heart."）

泰戈爾常從大自然借景抒情，並蘊含深刻人生哲思，難怪在冰河灣常想起他的詩句：「完美的卵石，不是鐵槌敲打出來的，而是水的舞蹈和歌唱出來的。」（Not hammer strokes, but dance of the water sings the pebbles into perfection.）而此詩中「完美的卵石」，總讓我想起那一對黑蠣鷸賢伉儷（black oystercatcher），還有牠們藏在礫石堆中那兩顆圓圓的蛋。

話說某天，我和文堯在營地附近礫石灘閒晃，看到一對蠣鷸。我們想拍牠們，就很謹慎地，拿著長鏡頭和腳架，慢慢走近。牠們一看到我們接近，很有默契兵分兩路。其中一隻往另一個方向飛得稍遠些，文堯悄悄跟過去。另外一隻並沒飛開，而是趴在地上，一跛一跛往前，走走停停，好像受傷的樣子。我看牠動作奇怪，亦步亦趨跟過去瞧，難道牠真的受傷了？那怎麼辦，要不要救呢？

不料，漸漸把我引開之後，牠倏忽飛回原來位置。遠的那隻，也跟著飛回，緊盯著我們的一舉一動。這是幹嘛？在玩捉迷藏嗎？靈光一閃，難不成牠們的巢就在附近？可這邊連棵灌木都沒有，處處裸露礫石，這樣的地方怎麼會有巢呢？

等我們稍微走近些，其中一隻故技重施，又假裝受傷想把文堯引開，另一隻則在原地開始呱呱叫，發出尖銳警告聲。好吧，既然這麼不受歡迎，我就繞道往較高處走去。

沒走幾步，一低頭，卻赫然發覺咫尺前的亂石堆之間，躺著兩顆蛋，哪有我所想像的「巢」？蛋就光溜溜地暴露在地上，附近連一根樹枝或乾草都沒有。蛋殼灰白帶點兒黑斑的顏色，就和周遭石頭一樣，若非那橢圓形狀，乍看之下幾乎分辨不出是卵石還是蛋。

①在礫石灘發現蠣鷸的蛋，和周圍環境顏色極為相似。
②蠣鷸全神戒備虎視眈眈的盯著我們。

那蛋實在太可愛了，我立刻彎腰，拍照存證。這下好了，蠣鷸雙親費盡心機、聲東擊西，反讓我發現寶貝鳥蛋所在。其中一隻見我彎身，發了狂似的，奮不顧身，振翅從背後猛襲而至，「啾」一聲從我頭上飛過。頭頂突然被鳥爪敲了一下，嚇我一大跳，還好戴著帽子。不敢戀棧，趕緊轉身撤退。兩隻親鳥這才罷休，留在原地駐守，仍繼續鳴叫警告。

怎麼也沒想到，蠣鷸親鳥會把蛋孵在裸露的礫石堆中。那麼，如果孵育期間有熊路過此地，豈不一口就把地上的蛋給囫圇吞下？蠣鷸雙親若不顧性命奮勇護蛋，說不定熊一伸手，就把牠們一巴掌擊落。如果孵出幼雛還不會飛，遇到敵人又該怎麼辦？若換作是我，大概只能把小孩藏身石縫了。

我們在繆爾灣口還見到好幾隻白頭海鷗，海鷗更不計其數。牠們特別喜歡棲息於冰山頂，大概比較安全吧。一見有人接近，群鷗紛紛振翅飛起，嘎嘎地叫，圍著冰山迴旋飛繞。那情景，彷彿連冰山也熱情四射，散發著無數生命力。

古人以鷗入詩，最有名的，或說我一直很喜歡的一首，是杜甫的〈旅夜書懷〉：「細草微風岸，危檣獨夜舟。……飄飄何所似，天地一沙鷗。」那意境，光憑想像就覺得浪漫不已。也是划過了舟，才真正得以體會詩中描述的「微風岸、獨夜舟、平野闊、大江流」那空曠遼闊、孤寂飄泊的意境，有多麼地淒美。

聽，是鯨魚的呼吸聲！

寧靜的束臂灣，似乎具有更多野生動物，更能感受海洋生命的

①鯨魚用尾鰭比劃出一個勝利的 V。
②乍見淺水灘有兩隻海獅戲水，互動親暱。
③飄飄何所似，天地一沙鷗。

流動。最常見的是麻斑海豹（Harbor Seal），因為牠們很喜歡「探頭」，就從海中露出半個頭，像可愛偵探似的觀察周圍局勢。我們還曾在麥克布萊德冰河海口，看到遠遠浮冰上躺著斑海豹媽媽和寶寶，不過當我們稍划近些，牠們就噗通跳進海裡，害羞躲起來了。

在平靜如水的繆爾灣口，好幾次，我看到三兩隻小海豚出現舟旁，在水面活蹦滑竄，流線型一路跳躍而去，像跟我們作伴似的，忽前忽後，令人驚喜。牠們是港灣鼠海豚（Harbor porpoise，或稱海港小海豚），體型比一般海豚（Dolphin）要嬌巧玲瓏。可惜小海豚如精靈般的輕盈敏捷，根本無法用鏡頭捕捉。

還有鯨魚，也比西臂灣多些，最常見的是座頭鯨（Humpback whale），甚至出現虎鯨（Orca，俗稱殺人鯨）。我們在麥克布萊德冰河、亞當斯灣口、萊特山附近海灣都曾發現鯨魚蹤影。可能鯨魚也和我們一樣，不那麼喜歡巨大郵輪吧。

當夜闌人靜，萬籟俱寂，鯨魚不時發出的「噗──！噗──！」噴水呼吸聲，在海灣與山谷中迴響，顯得比白天大聲也更憾人心弦。聲波自遠處蕩漾而至，透過薄薄帳篷傳進耳裡。那噴水聲之立體之真實之動聽，讓人覺得鯨魚離得很近很近，好像只要一掀開外帳，就能看到牠在面前咫尺悠游。

而鯨魚龐大的身軀就在獨木舟旁現身，更是一幅不可思議的奇景。

最令人難忘的一次是在繆爾海岬西南側。那時天色已暗，我們正划往萊特山西側的小島。快到目的地時，瞥見前方幾百公尺海面噴出一大片白色濛霧，伴隨「噗──！」的動人聲響，露出弧線型的光滑黑背，旋即沉入海中，V型尾鰭拍擊水面，如比劃著勝利的姿

擱淺於麥克布萊德冰河海口的巨大冰塊。

勢，便整個消失無蹤了。

「快看，前面有一隻座頭鯨！」我興奮地跟文堯說。沒多久，又聽到好大一聲「噗——！」，轉眼牠已游至左側，噴水、露背，再度潛入水中。隔一會兒，又從右邊不遠處出現。原來牠一直繞著大圈迴轉，如潛水艇般在小島附近的海灣巡弋。

小島就在前面，我們繼續往前划。突然，毫無預警地，牠那龐大的黑色魅影，不知何時已主動靠近，驀地出現舟旁。我和文堯都嚇一跳，距離之近，好像只要我把划槳再向前伸，就能碰到牠。見牠的頭微抬出海面，露出碗大的眼睛，會說話似的，如長輩般帶著詢問的眼神，盯著我們。

四目交接的一剎那，我彷彿讀懂牠的意思，好像在問：你們兩位小朋友，這麼晚了，怎麼還在這邊划舟呢？

時間在那一瞬間凝結，畫面停格。

　　我一時驚訝地說不出話來。通常鯨魚的頭都潛伏海中，即使換氣，自頭頂噴氣也不需抬頭。可在那一刻，我卻看到牠那麼大的眼睛，太不可思議了！心裡正想說「不好意思吵到您了」，卻見牠緩緩低頭，無聲地再度潛入海裡。

　　……於千萬之中，時間的無涯的荒野裡，沒有早一步，也沒有晚一步，剛巧碰上了，那也沒有別的話可以說，唯有輕輕地問一聲：「噢，你也在這裡嗎？」

　　張愛玲這段話是指遇到人類，卻是我當時和鯨魚相視，那一瞬間的心情寫真。那近得讓人屏息、短促而美麗的邂逅，回想起來，仍是令人難以置信的奇蹟！

　　當晚就在小島紮營。那一整夜，鯨魚「噗——！」呼吸聲綿綿不絕飄蕩過來。抵擋不住那麼動人的呼喚，多麼想一直坐在海邊看牠，就遠遠的背影也好。直到後來累得終於昏睡過去。

①虎鯨又稱殺人鯨（Killer Whale），從舟邊游過真是令人心悸。
②鯨魚呼吸噴出的白霧，遠遠就能瞧見。

翌日清晨,牠已不見蹤影。而我卻再也永遠忘不了,牠的大眼睛和那會說話的眼神。

如雷冰崩,夢幻藍冰

很多人坐郵輪到冰河灣,就為了觀賞冰崩景象。冰崩規模大小不等,看過最壯觀的一回,是在麥克布萊德冰河紮營時。先是聽到「喀剌剌」低沉的斷裂聲,回過頭往冰河看去,見十來層樓高的冰面,突然自頂崩裂,向下塌倒,「轟」一聲巨響,砰然捲起丈高浪。霎時風起雲湧,驚濤裂岸,千軍萬馬奔騰。浪兒高亢激越,一路衝鋒陷陣,撞向海口兩側峭壁。一波未平,一波又起。那澎湃浪濤的巨大能量彷彿無處宣洩,繼續轟隆隆地,「數里迢迢」從冰河前端一路朝我們滾滾而來,帶動海口內每一塊大小浮冰,隨浪捲兒碰撞傾覆。

還好我們人在岸上。原本寧靜冰海,一時間充滿各式各樣聲響,驚浪拍岸聲,冰山撞擊聲,海豹媽媽呼喚寶貝的叫聲,成群海鷗在天空盤旋的咿呀聲,忙著孵蛋的蠣鷸也嘎嘎警告,頓時熱鬧非凡。那份逼真生動,直比電影阿凡達栩栩如生的3D場景更震撼人心。

古人來此,早已發現這撼人心弦的景象。1885年伊萊莎‧史基摩女士(Eliza R. Scidmore)在第二次探訪冰河灣後,寫下這段生動的描述:「慢慢駛向海灣深處,隨著距離愈來愈近,那如崖壁般的鮮明冰面也愈來愈高。當船靠得夠近,我們聽到奇怪的、發自冰河內部的連續隆隆聲響,還看到冰崩,冰體自冰面斷裂,猛烈衝進海裡,巨大撞碎聲激起如雷怒吼,令人畏懼。」

親見之後才知，史基摩女士形容冰崩「如雷怒吼」並不誇張。
她又說：「乾澀的數據文字，難以形容冰河的壯闊奔流……冰河容
顏充滿了夢幻之美，那微微閃爍著稜鏡分析的多彩光輝，是遠遠無

海鷗盤旋於冰山頂，彷彿冰山也放射出生命力。

法想像或描述的。」

而無論是岸上或海中冰山，最引人注目的就是那藍色光澤。每當注視冰山那夢幻似的藍，彷如進入一個虛幻奇異的世界。那美麗而神祕的藍，藍得多麼令人驚豔，藍得多麼引人遐思……

但，為什麼是藍色的呢？

史基摩女士提到「稜鏡分析」。如果你在陽光下玩過稜鏡，就知所有自然光都是由彩虹的顏色組成。每種顏色的光都有特定波長和一定能量。如紅色、黃色具有較長的波長和較低能量，而藍色，則具有短的波長與較高能量。

冰河的冰塊，正是由無數緊密的冰結晶體所構成的。當陽光照在冰塊表面時，冰晶體就像稜鏡般可吸收、反射光線，根據波長與能量而分離不同顏色的光，除了能量最高的藍色被反射出來，其他

①用長鏡頭拉過去捕捉瑪格麗冰河冰崩一剎那。
②剛崩坍、未受長期風化的冰山，顏色藍得出奇。

能量較低的光線都會被冰晶體所吸收。如果冰河表面的冰被風化，或冰體含有很多氣泡，藍光因能量擴散而被吸收，那麼，冰塊就會呈現白色的了。

　　無論是自冰河母體脫落的澄藍冰山，或是由她長年灌溉形成的清澈碧海，那份無法言喻的藍，反映著各式各樣顏色深淺不一的藍。那經過漫漫歲月壓縮精煉的藍，藍得那麼潔淨而晶瑩，純粹而優雅，高貴而細緻。

①

　　而藍色的冰，在海水風雨磨蝕中，形狀殊異，各具獨特風格，各擁迷人風采，更像一件精雕細琢的藝術作品。

　　只要這麼想，這令人目眩神移的冰雕，是由無數的一片片輕薄雪花，飄在高山上長期積壓成爲冰河緩緩流下山谷，隨冰崩斷裂而飄流至大海，經天地風化雕塑成就這麼一件美麗的冰雕──這耗時數百年的過程，不可思議的自然造化，便足以令人深深動容了。

①冰山形狀各具風景，浮在海面上的僅是冰山一角。
②遠處瑪格麗冰河岩壁幾乎沒有植被，稍往下游即見綠色山腰。

進入一個時光機

很難想像，自然生態如此豐富的冰河灣，當溫哥華船長於1794年來此探勘時的記錄是：「視野所及之處，盡是密實的冰層。」（“a compact sheet of ice as far as the eye could distinguish.”）當時堵在冰河灣口的「冰牆」，足足有160公里長，32公里寬，並厚達1200公尺。

前人的記錄，為冰河灣過去兩百年變化的尺度提供了重要標記。繆爾自1879年曾造訪冰河灣四趟，對冰河生態做長期觀察。因冰河持續退卻，今日冰河灣已迥異於繆爾在十九世紀後期所見景象，那時萊特山以北均被冰河覆蓋，東臂灣尚未成形，也沒有那麼多的野生動物。

冰河灣生態學家葛雷格・史崔弗勒（Greg Streveler）便這麼形容：「你從冰河灣口往上游回溯，就好像進入一個時光機。」為什麼呢？「因為在冰河灣出口一帶的植被年紀大約一兩百年，而在冰河灣的上游源頭，植被年紀卻是零。你正在觀察一個生態體系，一層層揭開它的自身。」

如果仔細觀察上下游沿岸植被，便不難發現生態學家比喻的「時光機」有多麼真切。不管是東臂灣或西臂灣，靠近冰河前端一帶，附近幾乎沒有任何植被。離開冰河，漸漸地，你會看到一些青草、赤楊、柳灌、柳蘭等低矮先驅植物。續往下游，這些植被分佈愈密。而愈靠近灣口，則見愈來愈多的雲杉、鐵杉、棉白楊等高大的樹。到了巴雷特海灣，已成一片鬱綠森林。

冰河灣的自然歷史，是隨著冰河退卻與植物跟進，在空間與時

間的交織建構下慢慢演變而成。她的常態，就是不停轉變。

繆爾便曾說過，冰河灣會讓人失去時間和空間感。多美的一句話。

而這個時光機，不但讓人失去時空感，更充滿了不可思議的，流動的生命。

早晨的微風讓海面泛起漣漪

The morning breeze that ripples the surface of the sea

①見一對紅綠葉子，彷彿同時遇見夏秋，頓覺失去時空感。
②豔麗如火的火龍草又稱柳蘭（Fireweed）是冰河退卻後的先驅植物之一。
③山腰處綠色山坡中，紛紛長出一棵棵深綠色的樹。

高聲叫喊的海鷗在我頭頂盤旋

The crying of the seagulls that hover over me

我看到也聽到了它

I see it and I hear it

但我如何能解釋 / 此時此刻的驚喜

But how can I explain / The wonder of the moment

能這麼活著 / 感覺到每次雨後的陽光

To be alive / to feel the sun that follows every rain

冰河灣的奇山麗水，會令人縈懷眷戀一生。

就像海洋中的滾筒 / 生命是移動的 / 前進吧

Like a roller in the ocean / Life is motion / Move on

就像風一直吹 / 生命是流動的 / 前進吧

Like a wind that's always blowing / Life is flowing / Move on

就像清晨的日出 / 生命是曙光 / 前進吧

Like the sunrise in the morning / Life is dawning / Move on

我多麼珍惜每一分鐘 / 成為它的一部分

How I treasure every minute / Being part of it

在這其中 / 激勵自己繼續前進

Being in it / With the urge to move on

這首 "Move On" 是瑞典搖滾樂團ABBA早期作品。很久以前當我第一次聽到，就非常喜歡這歌詞。後來發現，這首歌簡直爲了我們在冰河灣划舟而寫的，不但應景，更激勵人心。尤其當雨後陽光乍現，柔波盪漾，清風拂面，看成群海鷗從頭頂飛掠，聽著呼吸心跳，划槳朝目標前進，這首歌描述的實在太眞切了。

深深覺得，今日我們仍能欣賞冰河灣原始荒野，眞要感謝庫立齊總統1925年的明智之舉。將時間空間拉大拉遠來看，此舉造福對象絕非僅限於附近城鎮長期獲致的觀光經濟收益，而是全世界人類乃至生靈萬物。尤其全球暖化趨勢日益嚴重，冰河灣植被地貌改變與自然生態演變，更成爲科學家研究冰河縮退現象的重要參考。一位國家領導人如此高瞻遠矚並具執行氣魄與決心，人民又何其幸福。

全球暖化，活生生的演化教室

冰河灣一直在變換風貌，正如一個活生生的演化教室。

今日的冰河灣，東臂灣如繆爾、麥克布萊德、立格斯冰河均在退卻。西臂灣的雷德、藍普魯夫、大太平洋冰河也在退縮中。除了瑪格麗冰河處於穩定狀態，約翰·霍普斯金冰河則在前進中。科學家認為，那是因這兩條冰河源頭是此區最高的晴天山脈，可供應足夠降雪量所致。

整體而言，冰河灣大多數冰河均在退縮。其實世界各地的冰河也在退卻，這些正在發生的現象，科學家將之視為全球暖化的重要癥兆。

亨利·波拉克博士（Dr. Henry Pollack）在他所著的《無冰的世界》（*A World Without Ice*），便提到冰和氣候兩者在地質學上的精密平衡關係，無論是雕塑大地容貌，調節氣候溫度，影響海水洋流或劃分人類居住領域，從遠古至今，「冰」不斷塑造環境，影響我們周遭世界。而冰的快速消失，正警告我們不久的未來所將面臨的嚴重後果。

書中一再強調，別以為冰的消失還很遙遠，或與我們生活毫無關係。大量融化的冰將造成海平面上升，致使氣候愈趨極端，水旱災更頻繁，導致森林野火或蟲害、傳染病散播、糧食短缺等重大衝擊。而海水入侵陸地，勢必毀壞沿岸可耕農地與海岸建物設施，無數沿海居民將成為氣候難民而被迫遷移。

波拉克博士並疾言呼籲，時間所剩不多了，人類必須趕緊採取行動，在更重大的衝擊出現前，共同保護我們唯一的家園。

個人力量是微小的，但集結起來，足以改變世界。而「節能減碳」正是每個人都能身體力行的。

我不禁這麼想，單就造訪冰河灣的方式來看，「划舟」就遠比

「坐郵輪」來得節能減碳。兩相對照，不啻是「原始」與「文明」兩種生活的對比。划舟餐風露宿很辛苦克難，但只有炊煮食物需用到少量燃料。反觀設備完善明亮如畫、應有盡有如一座移動城市的巨型郵輪上，耗油量和用電量之鉅，已毋須贅言。很容易便能看出，現代人所希冀追求的舒適奢華生活，是多麼耗費能源。

也不是說，不要坐郵輪，因為對很多人來說，那可能是唯一可安全探訪冰河灣的方式。就像我們不可能捨棄飛機，乘著風帆橫渡

圖中為晴天山脈北側，山谷冰河退卻，清楚可見。

太平洋。人類已難全然捨棄文明舒適的現代化生活，那非但不切實際也不太可能。

但有些確實可以做到，譬如隨手關燈、少吃肉、少開車、多騎腳踏車、多坐公共交通運輸。要選擇哪種方式來落實，完全是自己的選擇，願不願意、要不要的問題。「節能減碳」在日常食衣住行一些瑣碎小事就能加以實踐，每個人都能「盡己之力」用對環境比較良善的方式來過活。

知道冰河逐漸退卻，也因此，我愈珍惜在冰河灣所經歷的一切。因為，也許在不久的未來，冰河灣終將消逝，我們今日看到的景象將成為不可復得的歷史。如果南極冰層可能變薄，北極冰海逐漸縮小，甚至喜瑪拉雅山的冰河可能完全消失，還有什麼是不可能的？

最讓人憂心的，並非冰河綺景的永遠消逝，而是伴隨而來的無窮潛在災難。但我依然相信，如果每個人能調整生活價值觀，崇尚簡約，從回歸、尊重大自然開始，再輔以科學家對未來綠能科技的創新發展，我們仍有足夠時間，將危機變為轉機。

多麼幸運，能深入冰河灣荒野，細細觀察這處處充滿生機的冰海大地，聆聽狼嚎、如雷冰崩、鯨魚呼吸、海鷗鳴叫，在海灣間迴響盪漾。每當我傾聽這來自漫漫歲月深刻而細膩譜出的大自然交響樂章，總不禁想起繆爾在冰河灣所發出的衷心讚嘆：

「我們燃燒的心，已準備去迎接任何命運，感覺到，不管未來會發生什麼事，我們在這壯麗輝煌的早晨所獲得的寶藏，將使我們的人生永遠豐盈。」

Chapter 3

白頭海鵰保育區

Chilkat Bald Eagle Preserve - Haines

北緯60度的冬天

清晨醒來,看看手錶剛過七點。掀開窗簾探看,窗外仍漆黑一片。

聽風聲呼呼颯響,黎明前的黑暗,想像窗外鋪滿雪花的銀白世界。已連續三天大雪,今天該不會又是個大風雪天?

我們投宿在阿拉斯加東南海邊小鎮海恩斯(Haines)一家小旅館裡。海恩斯是個人口約兩千二的小鎮,地理位置近北緯60度,緯度比北海道更北,相當於蘇俄勘察加半島的北部。在十一月下旬寒冬,此地八點半才日出,下午不到三點半太陽就下山了。

出發前,就和好友葛瑞(Gary Schultz)與大野成郎約在海恩斯碰頭,一起拍攝白頭海鵰(Bald Eagle,或稱白頭鷹)。三組人從地球三個方向過來:大野兄從東京飛,我和文堯從加州,葛瑞則開著野營車,全家四口從更北的費爾班克斯(Fairbanks)一路南下,翻山越嶺逾一千公里,冰天雪地開了整整兩天才抵達。

「咚、咚、咚、」有人輕輕敲門。從窗往外看,是住隔壁的大野兄。

「嗨,大野兄早呀,什麼事呢?」我開了點門縫。屋外零下幾度的刺骨寒風,從一丁點兒門縫撲鑽進來,不禁打了個寒顫。

「Sorry,早安,希望沒把你們吵醒。我準備好了,要出發了,想問你們要不要一塊兒走?」他輕聲問,拘謹而有禮貌。句子開頭常不忘帶個Sorry。

「這麼早就要上路了?可現在才七點多,天色還全黑耶……?」我指著屋外的黑。縮著脖子,拿起門邊大衣趕緊套上。文堯也湊上來打招呼。

「我的時間有限,所以要加緊努力才行。沒關係,那我先走

了，你們慢慢來，我們在保育區碰頭囉。」

　　大野比我們小些，是朝九晚五的上班族，也是熱愛拍攝野生動物的自然攝影家，具有認真堅忍執著的日本傳統武士道精神。最初和他邂逅，就在麥肯尼峰下的苔原中，一起拍攝北美麋鹿與道爾山羊結識的。可憐他只能勉強擠出一週假，更背的是連續壞天氣，千里迢迢來此，卻沒一天放晴。他只好更努力，早上七點天還沒亮──真是曙光仍未初露，就出門。在他身上，我彷彿看到日本生態攝影家星野道夫認真質樸又熱愛阿拉斯加大自然的影子。

　　但拍攝野生動物除了要耐心、專心、細心、毅力、體力和努力，「運氣」有時比什麼都重要。若風雪交加或能見度低，就什麼也別想拍了。

　　何況現在天還那麼黑，根本什麼都看不到啊！

海恩斯靠近北緯60度，11月寒冬八點半才日出。

即使在冰天雪地中，清淺的契爾卡河冬天仍不結冰

　　沒多久換葛瑞來敲門。當他得知大野兄摸黑上路，不禁啞然失笑：「沒開玩笑吧？可是天還沒亮哪！」真是英雄所見略同。我們比較務實，至少吃過早餐待天色微明才啓程到保護區，直待到天黑才返回。午餐三明治也要先備好，因爲保護區離小鎮二十幾公里，僅有公共廁所，並沒有任何餐飲店。

　　在這樣的風雪天，每天出門第一件事，就是拿起雪刷把車窗上積了一整夜的厚雪刮除，把除霧功能開到最大，否則擋風玻璃冰霜白茫一片，根本無法上路。

契爾卡河的鮭魚

　　往保護區的唯一道路是海恩斯公路(Haines Higway)，路面也是又積雪又結冰，還好租來的車子配有全輪傳動和雪輪(snow tires)。沿著西側的契爾卡河(Chilkat River)一路向北，灰濛濛的天，路上幾乎沒別的車，銀色大地仍沉睡著。我們在雪地中慢慢前進，往上游二十幾公里即抵達「阿拉斯加契爾卡白頭海鵰保育區」(Alaska Chilkat Bald Eagle Preserve)。

　　此地還有個很帥氣的別名叫「老鷹之谷」(Valley of Eagle)。在春夏秋三季，約有兩百至四百隻白頭海鵰長年居住山谷中。但在冬天，會有多達四千隻白頭海鵰從四面八方匯聚於此。

　　爲什麼呢？因爲契爾卡河是鮭魚的故鄉，而鮭魚是白頭海鵰過冬主食之一。

　　阿拉斯加南部的特領吉特族印地安人，是最早定居契爾卡河谷的原住民，在他們特領吉特的語言裡，"chilkat" 就是"salmon storehouse"——「鮭魚貯藏庫」的意思。

約翰・繆爾於1879年初探冰河灣，回程途中繞道契爾卡河口一帶，在書中便曾提到「契爾卡族是所有特領吉特印地安部落中，最具影響力的一支。」當時的契爾卡族有多麼強盛呢？只要看與繆爾同行的四位他族的原住民如何慎重其事就知道了：還未上岸之前便先剪髮盥洗、整理儀容，換上一襲乾淨襯衫、新鞋子新帽子，以最整齊端莊的儀態拜見當地酋長。那是他們表示最高敬意的方式。

而契爾卡酋長招待賓客的盛宴，主食便是鮭魚、鮭魚卵和魚油。此外還有上好的馬鈴薯與現採的新鮮莓果。此部族所以成為實力強大又好戰的部族，正因有取之不竭的洄游鮭魚，即在秋冬之際食物也不虞匱乏。一般鮭魚都在夏季開始洄游，但契爾卡河的兩種鮭魚——銀鮭(Coho salmon，或稱Silver salmon)和秋鮭(Chum salmon，或稱Keta salmon)，牠們洄游時間較晚，通常是從十一月仲秋持續至一月隆冬之際。因此，契爾卡族即在冬天都能捕捉新鮮鮭魚，並醃製大量鮭魚以度餘冬，這是他們比別的部族更得天獨厚之處。

契爾卡河還有另一項優越的自然地理條件，那就是此河有溫度較高的泉水，全年源源不斷注入，讓原本在冬天應冰凍的河水，因而能保持「不結冰」狀態。這不僅讓洄游鮭魚能一路暢行無阻往上游產卵，對於仰賴鮭魚維生的原住民和白頭海鷗也很重要，尤其是後者。因為即使鷹的嘴喙再銳利，鷹爪再堅硬有力，也無法戳破已結冰的河床捕魚吃。

待銀鮭和秋鮭在上游產卵，用盡最後力氣完成繁衍後代的人生大事，不久便死去。無數鮭魚殘骸隨波逐流，順流而下，佈滿了契爾卡清淺

冰澈的河床，也爲白頭海鵰提供大量「天然冷藏」的過多食物。

在這般天時地利環境下，每年從十月開始一直到翌年二月，契爾卡河這「鮭魚貯藏庫」便吸引大批白頭海鵰前來覓食，也造就了全世界數量最多的白頭海鵰聚集地。

這個白頭海鵰保護區是阿拉斯加州政府在1982年成立的，面積達49,320英畝（約將近兩百平方公里），主要涵蓋了契爾卡河身及沿岸棲地，並包括鄰近的卡列西尼河(Klehini River)和側庫河(Tsirku River)部分河段。白頭海鵰大多集中海恩斯公路里程標18到23英里間，因爲這段河岸開闊，河水又不結冰，被稱爲沖積扇水庫(alluvial fan reservoir)，也被視爲關鍵棲息地(critical habitat)。

①

白頭海鵰的會議基地

我們沿著海恩斯公路北上，來到保護區核心地帶。風雪暫歇，天色漸漸亮開，只見河岸兩旁長滿高大的棉白楊樹(cottonwoods)。入冬寒林，樹葉都落盡了，光禿的樹枝覆裹一層晶瑩冰雪，枝枒粗細交錯間，豪放細膩兼容，黑白分明的線條形式如一幅極美的抽象畫。

仔細看，樹枝高處不就是一隻白頭海鵰麼？不，不只一隻，有好幾隻就藏身於四周樹上。那景象，就像覆滿白雪的聖誕樹上綴著迷人裝飾，只不過牠們都是會動的、活生生雄赳赳的鷹。

看到牠們白色的頭，總讓我想起山社文政學長生前曾問過一個很有趣的問題：「英文"bald eagle"，那個"bald"不是『禿頭』

②

①在風雪天，白頭海鵰大都一動不動以節省體能。
②冬天不結冰的契爾卡河，鮭魚是白頭海鵰過冬的主食。

的意思嗎？那麼牠們爲何不叫『禿』鷹，而叫『白頭』鷹呢？」這個問題當時我連想都沒想過，被問到時，還眞是「一時語塞」。趕緊翻查資料，才發現原來 "bald" 這個字在以前曾被用來當作「白」的意思，所以白頭鷹才會被稱爲 "bald eagle"。

再往前走，來到「會議基地」(Council Grounds)，有個較寬的路肩讓人停車。這裡河岸十分開闊，河中央一片寬廣沖積扇，覆滿了白雪。前幾天大雪迷茫，看不清遠方，今天濃雲開了些，驀然發覺遠遠的對岸那綿延一片猶如抽象畫的黑白寒林中，那一個個小小黑點，不都是一隻隻白頭海鵰嗎？果然名符其實，大家彷彿集聚此地開會，數量多的令人驚喜！

牠們一動不動棲佇枝頭，顯然爲了保存體力。來此過多的海鵰

①濃霧瀰漫，襯出樹葉落盡的棉白楊樹剪影。
②垂死的鮭魚奮力掙扎時，生命力仍很強韌。

① 「會議基地」為主要棲息區，對岸棉白楊林有好多白頭海鵰。
② 「會議基地」因白頭海鵰常群聚於此而得名。

白頭海鵰的駐足，使得契爾卡河的冬景更美。

每年數量不一，端賴每年鮭魚洄游量多寡而定。研究人員從1970年
代後期開始進行統計，每年冬季從一千多到四千隻白頭鷹都有可
能。我們能看到多少，主要是看天氣，風雪大時，鷹兒就會躲進深
山雲杉林中，尋求長青樹的庇護，河岸的鷹兒也就顯得稀落了。

　　這個保護區明文規定，不得喧嘩、驚擾、接近、或做出任何影
響白頭海鵰日常活動的行為。不像我們鍾愛的「阿帕契之林野生動
物保護區」（位於美國新墨西哥州），保育人員還種玉米餵冬候
鳥，這裡是絕對不准餵食白頭鷹的。想釣河中的鮭魚，也要有釣魚
執照才行。所以我們通常就在路邊架起相機，安靜地觀賞拍攝。

　　但就只在河岸觀看，也讓人目不暇給了。葛瑞的大女兒蕾妮雅

(Linnea)還不到四歲，正是最頑皮可愛的時候，從野營車開心地衝出來，一點都不怕冷，精力充沛蹦蹦跳跳跑向河邊，指著腳下興奮地說：「看，這裡有好多鮭魚喔！」

我們跟過去看，未結冰的河裡果然有好多奄奄一息的鮭魚，無力支扭身子、苟延殘喘著。那些擱淺岸邊的多半已死去多時，魚皮褪了色，疙瘩般剝落，眼珠也沒了，剩兩個空洞眼窪，模樣蠻嚇人的。可因一直浸在河中「冷藏」，魚身多保持完整，肉質也不至太快就腐壞。在食物匱乏的漫長冬日，死去的鮭魚對海鷗仍是一道道美食佳餚。

①愛斯基摩犬跑進河裡玩耍，居然順口叨了一隻鮭魚上岸。
②葛瑞的大女兒蕾妮雅和愛斯基摩犬 (Husky)。

識時務者為俊傑

「快看，那裡有隻白頭鷹，吃魚吃得好高興哦！」蕾妮雅指著河中一塊雪地，一隻鷹正在吃一隻鮭魚。

不知她如何判斷老鷹高不高興，我看牠倒是吃得蠻緊張的，每吃一兩口，就抬頭，黃喙叼肉，邊吃邊左右張望。咫尺之外，分站另外兩隻鷹，目不轉睛直盯牠爪下的魚，一副伺機而動的模樣。難怪牠大啖鮭魚之際，仍處於備戰狀態，用鷹翼和身體護住爪下美食。

「旁邊那兩隻鷹好像想吃牠的魚耶……爹地，河裡有那麼多魚，那兩隻為何不自己去河裡抓魚呢？」蕾妮雅轉頭問葛瑞。真聰明，我都沒想到這個大哉問。

「因為，牠們要節省體力啊……」葛瑞笑著回答：「妳看，天氣那麼冷，鮭魚又那麼大隻，老鷹下水會把羽毛弄濕，還要把魚拖上岸，要花多少力氣？一個不小心，說不定被魚拖下水。如果牠們耐心等別人吃飽，再吃別人剩下的魚，不是又輕鬆，又省力嗎？」

蕾妮雅點點頭。我卻有些懷疑，白頭鷹會被鮭魚拖下水，未免太誇張了吧？但見葛瑞指著另一頭河岸說：「快，快看那邊！」

有隻白頭鷹走進淺水中，伸出銳利鷹爪，輕易按住水中鮭魚，奮力往岸上拖。那魚很大一隻，瀕死還沒死，被鷹爪按住，拼命掙扎，魚身不斷蹦扭，一個勁兒想蹭回河裡。那鷹被拖著往後踉蹌兩步，還真的險些被鮭魚拖下水！即時撐開雙翼，飛跳開來。不一會兒，回身，伸爪按住那魚。雙方僵持不下。後來鮭魚離水太久，沒氣了，鷹爪鉤魚向前蹭，不時撐開雙翼平衡重心，「翼爪並用」才

終於把魚硬拖上岸。

眼見爲憑，這才相信葛瑞沒在誇張。

白頭海鵰雙翼展開，逾兩公尺長，感覺上是非常孔武有力的。看牠們捉鮭魚，才發現其實不然。因爲鮭魚又大又重，無論銀鮭或秋鮭均逾半公尺長，體重從四到十公斤胖瘦都有。而白頭海鵰身長不到九十公分，體重僅有五、六公斤。抓鮭魚對牠們而言，等於抓住跟自己等重的食物，不太可能憑空提起，所以只能用「拖」的。

保育區的白頭海鵰不太怕人，常飛到路邊樹上歇息。

而鷹爪鉤住魚身，當然有被拼命掙扎的鮭魚拖下水的可能。

我們都欣見這隻捕魚鷹有志者事竟成。但把魚拖上岸，不等於就能飽餐一頓。只見牠用身體遮住鮭魚，低頭撕扯魚身，不時抬起銳眼注意動靜，似乎怕別人偷襲。看來之前我形容牠們「吃得很緊張」，比蕾妮雅說的「吃得很高興」要來得正確些。

陸續飛來兩隻白頭鷹，在捕魚鷹一左一右降落。可能想分一杯羹。果然，右鷹慢慢踱進，捕魚鷹見狀，引頸咆哮，將之喝退。左鷹也蠢蠢欲動，突然躍起，作勢撲襲。捕魚鷹一吼，立刻揮翅反擊，鷹爪仍牢牢按住魚身。左鷹偷襲沒得逞，暫時退開。這兩隻覬覦者見捕魚鷹不好惹，乖乖退到咫尺外，耐心等著。鮭魚很大一隻，等捕魚鷹吃飽了，剩下的魚就能輪到牠們享用了吧。

可惜好景不常，捕魚鷹吃沒幾口，突然又來一鷹，從林中高處瞬間俯衝而至，來勢洶洶，如旋風般，伸出鷹爪，雙翅一揮，好像要把吃魚的鷹給掃到一旁，個性驃悍之至。短兵交接，說時遲那時快，捕魚鷹大叫卻自知不敵，立刻側身跳開，讓出食物，旋即飛離，誠乃「識時務者為俊傑」。那旋風鷹掠奪成功，大剌剌地將鮭魚佔為己有，無視其他覬覦者的存在，津津有味地吃將起來。

美國國鳥與國徽的象徵

蕾妮雅看不過去，再度發問：「爹地，那隻鷹怎麼用搶的，這麼無理呢？」

「因為牠比較凶，比較厲害啊！」葛瑞解釋：「撿現成的吃，不用去水裡抓，牠不就能保存體力了嗎？所以鷹是很聰明的，知道

---

①一隻白頭海鵰亞成鳥正奮力把一條鮭魚「拖」上岸。
②一隻成年白頭海鵰瞬間偷襲，圖中另兩隻亞成海鵰則在一旁靜看好戲。

①

②

①

在這麼冷的天，要用最省力的方式取得食物。」

蕾妮雅搖搖頭，嘟了嘟嘴，一副不以為然的樣子。不一會兒她就轉移注意力，蹲下身子，開心的堆起雪人了。

我倒覺得有趣，原來白頭海鵰也有不成文的江湖規矩，懂得「明哲保身」這套生存法則：若覺「勢均力敵」便勇敢捍衛食物，但若看到「實力懸殊」的對手襲來，會立刻相讓免得平白受傷。

後來讀了相關研究，證實這個想法。在食物爭奪戰中，白頭鷹儘管會「面對面」衝突，卻很少在爭鬥中受傷，因為牠們出手之前會先察言觀色，會攻擊比自己體型小或較不飢餓的（譬如已用餐好一陣子）。原本佔有食物的鷹，則會藉由「身體語言」表示反抗或

願意相讓。而且白頭鷹這種「偷襲」行為,不僅用於同類,對其他鳥類也一視同仁。

美國著名的開國元勳班傑明‧富蘭克林(Benjamin Franklin),對白頭海鷗這種「搶奪」行徑便曾明白表示「不以為然」,甚至在建國之初,還曾反對把此鷹選為美國國鳥和國徽象徵。他曾直言不諱這麼說道:

「我真希望白頭海鷗沒被選為我們國家的象徵,牠是一種具有壞德操的鳥,牠並不誠實過生活,你可能看過牠棲息在某棵枯樹上,因為過於懶惰而不自己抓魚,牠旁觀魚鷹費力抓魚,而當那勤勉的魚鷹好不容易終於抓到一隻魚,正要將食物帶往牠的鳥巢餵養

①眼神專注捕獵,從頭頂飛掠而過的白頭海鷗。
②天晴雪融後,契爾卡河沿途空曠荒美的景色。

牠的伴侶和小孩，那隻白頭海鵰卻追逐牠，並搶奪魚鷹捕獲的魚……。因此牠一點兒也不適合做為美國勇敢和誠實的象徵。老實說，相較之下火雞才是一種更值得被尊敬的鳥……。」

富蘭克林形容的「壞德操」、「不誠實過生活」、「過於懶惰」的掠奪行為，不正是我們在契爾卡河所觀察到的眞實景象麼？「坐享其成」顯然是白頭鷹的慣用伎倆，不僅對同類如此，而是放諸四海皆準。

但我並不想把牠們想得那麼糟糕。寧可認為，或許因為白頭鷹較強壯（或說較聰明）才得以如此投機取巧吧。應該是老天爺賦予這種猛禽的一種生存稟賦。如果富蘭克林能以「物競天擇、適者生存」的觀點來看，換個角度想，白頭鷹所以有偷襲搶奪行為，不過想盡量保存體力以增加自己的生存機率，就不至如此負面評論了。

幸好沒依照富蘭克林的建議，選火雞當美國國鳥和國徽。要不然我們今日可能看不到美國兩角五分(quarter)硬幣刻著一隻張開雙翼、雄赳氣昂的白頭海鵰。而每年11月第四個禮拜四的感恩節，美國幾乎家家戶戶都習慣殺一隻火雞歡慶過節，不就等於「宰殺國鳥」以示感恩？那不就很奇怪，完全不合邏輯了麼？

在本土48州被列為瀕危物種

除了富蘭克林更喜歡火雞做為國鳥這件趣聞軼事，可能很多人都不知道，美國本土48州的白頭海鵰在二十世紀曾有一段辛酸血淚史，險些走向瀕絕的命運。

白頭海鵰學名Haliaeetus leucocephalus，是北美洲特有猛禽，世

界其他各州都見不到的。分佈範圍北至阿拉斯加和加拿大，南及墨西哥北部。1776年美國脫離英國獨立，國會在1782年將之選為美國國鳥與國徽象徵時，估計當時數量超過十萬對。牠們傍水而居，主要棲息於河口、海灣、湖泊、河流、溼地等地區，以魚為主食，也吃水鳥、小型動物和腐屍等。

到了十九世紀中下葉，白頭海鵰數量卻顯著減少，主要因為人們非法獵捕或濫殺──當時墾荒的人們認為白頭海鵰會襲擊家禽家畜，為減少威脅損失，遂加以無情殺害，加上伐林濫墾等不當開發，以致棲地破壞與消失，種種因素均造成白頭海鵰及其他鳥類數量銳減。

海恩斯小鎮依山傍海，人口僅兩千多，卻是美國國鳥最重要的棲息地。

此趨勢一直持續到二十世紀。直到1940年美國國會通過「白頭海鵰保護法案」(the Bald Eagle Protection Act)，規定除非政府許可或在某些特定情況下，嚴禁獵捕、殺戮、佔有、運送、進出口、買賣交易白頭海鵰，不管是活的死的或身體任何一部分，還有鳥巢鳥蛋也在保護範圍之內。自立法後，民眾才開始重視其生存權，白頭海鵰的數量才趨於穩定並逐漸有回復的跡象。

不幸的是，第二次世界大戰之後，DDT (dichloro diphenyl trichloro ethane)殺蟲劑開始被廣泛使用。DDT發明於1939年，堪稱當今世上所知，效力最強的殺蟲劑，不像其他大部分殺蟲劑的效力僅限於消滅一兩種類型昆蟲，DDT能在頃刻間殺死數百種，並在二次大戰期間幫助美軍消滅了南太平洋島上大肆傳播瘧疾的蚊蟲。DDT發明者是瑞士的保羅‧慕勒(Dr. Paul Hermann Müller)，還因此在1948年得到諾貝爾獎。

當DDT開始用於民間，最初是大規模噴灑於濕地沼澤和海岸區，以抑制蚊蟲滋生。到了五○至六○年代，則被民眾拿來當成一般殺蟲劑，毫無節制地使用。僅有極少數人，能看到這神奇的新化合物所可能導致的負面效果。一位自然作家艾德文‧提爾(Edwin Way Teale)便曾警告：「像DDT這般一視同仁的噴蟲劑，對於自然經

①在契爾卡河岸發現一尾完整魚骸。
②海恩斯冬季罕見晴日，平均一週只有一天好天氣。

濟所可能產生的顛覆效果，就好比革命對於社會經濟那般徹底強烈。90%的昆蟲都是有益的，如果連牠們也被殺害，所有良好的狀態將立刻消失。」

　　自然萬物相互依存，食物鏈環環相扣，提爾的警示不幸言中。DDT的殘餘渣滓沖進水裡，被水中植物和魚類吸收，白頭海鵰吃了被污染的魚，等於間接攝取DDT。這種有毒化合物囤積體內，會導

②

① 夕陽餘暉映著金色波光粼粼和一隻白頭海鵰剪影。
② 若見其他鷹撲來，白頭海鵰會引頸宣示「這是我的地盤！」

致海鵰所生的蛋殼變薄，往往在孵化期間就不幸被親鳥坐碎，或無法孵出健康的幼雛。生育力降低加上棲地環境的破壞污染，導致此鳥數量以驚人速度急遽銳減。

到了1963年，據官方統計，美國本土48州白頭海鵰僅存417對，處境岌岌可危，正走向滅絕邊緣。1966年，國會通過瀕絕物種保育法案（Endangered Species Preservation Act），內政部在翌年1967即將北緯40度以南的白頭海鵰正式列為「瀕絕物種」。

甘迺迪總統讀了《寂靜的春天》

幸好海洋生物學家瑞秋·卡森(Rachel Carson)的著書在1962年出版，即時揭露了DDT的真相。她花了四年時間寫下《寂靜的春天》(*Silent Spring*)，書裡抽絲剝繭、一絲不苟地詳述DDT如何進入食物鏈，如何累積於動物脂肪組織中——包括人類，並導致癌症和基因損害。只要灑一次在農作物上，其殺蟲效力長達數週甚或數月之久，並且連其他無數昆蟲一併殺死，即使經過雨水稀釋，其毒性仍存在於環境中。

此書最令人難忘的一章是〈明日的寓言〉，描繪美國一個無名小鎮裡所有生命——從魚兒到鳥兒到蘋果花甚至人類孩童，均因DDT的可怕殺傷力而變得「寂靜無聲」。

卡森女士的結論是，DDT以及其他殺蟲劑已對鳥類和動物們造成無法挽回的傷害，並已污染整個世界的食物供應。而DDT對白頭海鵰的重大衝擊更是無庸置疑，她在書中更特別提到：「依此趨勢……我們很可能得重新尋找代表國家的國徽象徵。」

　　要知道，在六〇年代初，DDT仍被視為是人類一項「偉大的科學發明」。可以想見，在那樣的時代氛圍中，瑞秋・卡森的觀點不啻被視為「危言聳聽、妖言惑眾」的無稽之談，並飽受各界人士攻訐抨擊。慶幸的是，當時的甘迺迪總統(President John F. Kennedy)也

天晴時，沿著海恩斯公路往契爾卡河上游所看到的冬景。

讀了此書，並下令指示「總統科學顧問委員會」(President's Science Advisory Committee)深入審查書中所涉及的諸多議題。結果該委員會的調查結果，充分證明了作者書中論點所言屬實。

接下來幾年，DDT負面效用便被聯邦政府密切監視。儘管各界意見分歧，輿論充滿爭議，美國仍在1972年宣布全面禁止DDT的使用。這項重大舉措，使白頭海鵰得以向復育之路跨出重要的第一步。

翌年1973年，國會通過「瀕絕物種法案」(Endangered Species Act)。到了1978年美國擴大保護範圍，將本土48州白頭海鵰全都列為「瀕絕物種」（除了密西根、明尼蘇達、威斯康辛、奧勒岡、華盛頓這五個州的白頭海鵰被列為較輕級的「受威脅物種」）。直屬內政部的漁業與野生動物署（Fish and Wildlife Service）自此得以在聯邦直接介入與援助下，傾全力積極實施保育政策，例如加速展開全國性的復育計畫，從人工育雛與圈養、野放到自然棲地、繁殖季節的巢址保護、長期追蹤監測、以及加強執法取締等，一一加以落實。這是邁向復育之路的另一大步。

在將近二十年後，1995年美國本土的白頭海鵰數量回升至四千七百多對，增加十倍有餘。漁業與野生動物署遂將此鳥的復育狀況，從「瀕危物種」全部改為層級較輕的「受威脅物種」。

漫漫四十年復育之路

1999年7月2日國慶前夕，柯林頓總統(President Bill Clinton)發表聲明，提議將美國國徽象徵白頭海鵰自瀕絕物種的名單中除名：

「美國白頭海鵰已從瀕絕的邊緣折返，在聯邦每一州繁榮生

保育區的白頭海鵰看到人，通常仍是一副老神在在。

存，我想不出有什麼更好的方式，以我們最感驕傲的活象徵（指白頭海鵰）的重生，來榮耀我們國家的誕生日。」

那時本土48州白頭鷹據官方估計已增至5,748對。之後又經過好幾年的審慎衡量與評估，內政部終於在2007年6月28日宣布將白頭海鵰從「受威脅物種」的名單中撤除，此時美國本土的白頭海鵰數量已回升至將近一萬對。

屈指一算，從1967年正式被列入瀕臨絕種的名單，到2007年正式從瀕危名單撤除，白頭海鵰的復育之路，足足走了漫漫四十年！

我不禁這麼想，如果白頭海鵰最初沒那麼幸運被選為國家象徵，聯邦政府因而即時正視問題嚴重性（國鳥瀕絕畢竟是攸關國家顏面的大事），積極制訂保護法案，並進一步全面禁止使用DDT，那麼，此鳥是否有起死回生的可能？是否能成為美國復育史上這麼一則成功的故事？

①在岸邊灌木叢發現了覆著白雪的紅莓果。
②保育區「地靈鷹傑」，壯闊山水令人讚嘆。

柯林頓總統任內的內政部長布魯斯‧巴比特(Bruce Babbitt)也驕傲地這麼說：「後代子孫將不只看到白頭海鵰印在我們的硬幣、郵票、和旗桿上；他們將能望向天空，看到我們國家的象徵在頭頂飛翔。」

知道了這麼多故事，再回頭看，便更能體認《寂靜的春天》對於當代及後世的影響，有多麼重大深遠。

瑞秋‧卡森憑著專業知識，實地觀察蒐證，與一股對大自然的摯愛，挺身面對龐大敵對勢力，那股「當仁不讓，雖千萬人吾往矣」的勇氣，言人所不敢言的無畏精神，著實令人感佩。她不但及時拯救白頭海鵰，拯救了無以數計的動植物，更拯救了自然環境與我們人類自身的健康。

然而卡森女士留給世人最重要、最珍貴的遺產，應是喚醒了新的公眾意識——自然界對於人為干預是很脆弱的，而且容易受到傷害。她甚至提出相當激進的主張：現代科技進步和自然進化過程，兩者在本質上很不一致，因此前者必須被加以規範，被妥善約制。

在該書問世前，保育議題向來不曾引起社會民眾多大的興趣，因為很少人真的那麼在意、擔心「荒野的消失」。但卡森女士筆下所勾勒出的種種實相——如食物鏈的污染、癌症、遺傳基因的損害、乃至整個族群的滅絕——這樣的威脅恐嚇實在太可怕了，以致於讓人無法繼續忽視。科學並非萬能，工業必須加以控制管理才得以保護環境，這般前衛理念首次被大眾廣泛接受，二十世紀後半的環保主義也因而誕生。

欠瑞秋‧卡森一份情

　　卡森女士在1964年因乳癌過世之前，曾在CBS紀錄片中語重心長地說：

　　「人類對於自然的態度，在今日是極為重要的，只因為我們現在已獲得致命的力量去改變與破壞環境。但人類仍是大自然的一部份，因此人類對自然所發動的戰爭，將無可避免地變成人類對自己的戰爭……。」

　　人類本來就是自然的一部分，這麼顯而易見的事實，卻仍有很多人不明所以，依然抱持「征服自然、人定勝天」的心態，粗暴地對待自然環境。直到見證了大自然反撲的驚人力量，才有所體悟：

夕陽西下，彩霞輝映著棉白楊樹剪影。

天氣豁然晴朗，原來保育區也有這麼崇偉的高山！

我們本該善待自然一如善待自己啊！

　　比起美國本土48州白頭海鵰命運多舛的悲慘際遇，那些生長在
阿拉斯加的同僑相較之下要幸運多了，牠們雖也曾被大量屠殺，並
未走向瀕絕命運。

　　二十世紀上半葉，因阿拉斯加拓荒者把牠們看成和野狼一樣會
攻擊家禽家畜、具威脅的掠食性動物，該州立法機關因而頒布「懸
賞捕殺令」。據文獻記載，從1917起至1953年捕殺令被廢除，該州已
超過十二萬八千隻白頭鷹被獵殺。

　　所幸1959年阿拉斯加正式成為美國第49州，聯邦在1940年制訂的「白頭海鵰保護法案」效力延伸至該州，白頭鷹不再被人們濫殺。爾後二十年，數量並迅速回升。

　　時至今日，每當我在大自然中拍攝美麗的白頭海鵰，總情不自禁這麼想，其實我們都欠瑞秋・卡森一份情。如果不是她的真知灼見、無畏勇氣與付出貢獻，說不定今天的我，只能站在自然博物館觀看櫥窗裡白頭海鵰的模型，將永遠看不到牠們在天空輕盈飛翔，像風箏一樣自由自在乘風翱翔，將永遠聽不到牠們帶著驕傲自信，競相搶食或捍衛地盤的嘹亮叫聲，將永遠無法想像牠們瞬間俯衝而下，又凌空翻轉升起的英姿是多麼帥氣，是多麼令人驚豔！而那不畏風寒認真在雪地中求生存，那威猛強悍的力道，又是多麼令人動容！

　　同樣是瀕絕物種，我不禁聯想到自古徜徉於台灣西部沿海的中華白海豚。那些可愛的媽祖魚，今日僅存不到一百隻，未來將會遭遇什麼樣的命運？儘管在2008年被國際自然保育聯盟列入「極度瀕危」名單中，我們的政府迄今可曾為牠們做了什麼？

　　連日風雪，天氣陰霾。一直到大野兄先行道別的那天，將近一週的等待，太陽才終於露出臉來，遠方景色豁然開朗。來到會議基地才發覺，哇，原來對岸棉白楊林的上方，還有崇峻山峰哪！

　　靄靄嶔崎雪峰，涓涓清澈河流，原來契爾卡河保護區山水竟如此迷人，「地靈鷹傑」當之無愧。想到大野兄遠渡重洋，每天天還沒亮就出門，是我們當中最認真努力的一位，卻只差一天沒看到如此美景，實在太可惜了。葛瑞不禁搖頭嘆道：「唉，可憐的大野兄……」

　　好在來日方長，這麼山靈水秀的地方，我們一定會常回來的。

葛瑞和文堯一前一後，在河岸拍攝山水中的白頭海鵰。

Chapter 4

內海航道的驛站

Inside Passage, Southeast Alaska

阿拉斯加的「鍋柄」

冰河灣所在的阿拉斯加東南區，星羅棋布分佈著許多半島和小島，最早俄國人將之稱爲「亞歷山大群島」(Alexander Archipelago)。繆爾在1914年描寫的阿拉斯加，書中也都這麼稱呼。後來阿拉斯加在1959年1月正式成爲美國第49州，這地區又被稱爲阿拉斯加的「鍋柄」(Panhandle)。起初還不太明白爲什麼，一看地圖就懂了，因爲就整個州的地理區位來看，此區東南位置和狹長形狀，都很像一只煎鍋的柄杓。

在這地形支離破碎、沒有道路相連的地區，自古以來，特領吉特印地安原住民便以舟船爲唯一交通工具。即至今日，有些小鄉鎮連飛機場都沒有，僅能倚賴阿拉斯加州立海洋渡輪(Alaska Marine Hwy ferry)提供運輸，連結沿海各偏僻村鎮。因此，從華盛頓州的西雅圖到阿拉斯加東南這段海路，也被稱爲「內海航道」(Inside Passage，或稱爲「內部通道」)。據統計，今日此區已有多達四分之三的居民以州立渡輪爲主要交通工具。

爲了實際體會一下當地完全沒有高速公路的內海生活，我們也搭乘州立渡輪由朱諾(Juneau)出發往南，經蘭格爾(Wrangell)、克奇坎(Ketchikan)、彼特斯堡(Petersburg)、錫特卡(Sikta)，繞行一大圈再返回朱諾，來回航程逾千公里。儘管沿海常見白雪山峰，要形容渡輪爲「冰海一葉舟」也勉強說得通，但這個舟似乎太大了，不如說是「汪洋中的一條船」來得更貼切些。

而就我們所到過的阿拉斯加各個地區來說，無可否認地，整個州就屬東南區這一塊，每個城鎮鄉村都深具歷史文化特色，有自己

①阿拉斯加東南地區雨量豐沛，處處是茂密的原始森林。
②在渡輪甲板上欣賞落日，船尾金色波光瀲灩，美不勝收。

①

②

①內海航道島嶼星羅棋布，市鎮之間以船為主要交通工具。
②自助揹包客到處為家，在渡輪頂層甲板搭起了帳篷。

獨特風貌和昔日沿襲下來的豐富色彩。

　　坐州立渡輪最大的好處，是行程可完全自由自主，想在哪個小鎮多待上幾天，只要上網查好渡輪班次，看怎麼安排都可以。而且州立渡輪配有臥艙，在船上過夜也是另一種有趣的體驗，有些自助揹包客甚至乾脆把帳篷搭在開闊的甲板一隅，盡情享受清涼海風和十星級山水景色。

　　相較之下，豪華郵輪確實比州立渡輪設備更齊全更舒適，但因行程固定，上岸時間有限，而且有些小鎮港口不夠深，也無法容納巨型郵輪的進出，就不如搭州立渡輪來得自由而有彈性，能更深入地盡興探訪。

坐車到不了的首府—朱諾

　　打開阿拉斯加地圖，除了一眼就能看出「鍋柄」所在，還能發現首府朱諾並無任何向外連結的道路。去朱諾能選擇的交通工具，一是搭飛機，再不就坐船，開汽車是無法到達的。這也就是為什麼朱諾會被稱為「北美唯一無法坐車抵達的首府」。

　　其實朱諾市區柏油道路加起來也有百餘里，只是受周遭山勢重重阻隔，目前仍無任何道路和北美本土接連。然而因為此城依山傍海，前臨加斯蒂諾海峽(Gastineau Channel)，後有朱諾山和羅伯茲山(Mt. Roberts)為憑恃，全城人口不過三萬出頭，這個環境優美的乾淨小城，被許多人認為是全美景觀最美的城市之一。

　　一定有人覺得奇怪，為什麼會把首府選在這麼一處交通不太方便的地方呢？

坐渡輪經加斯蒂諾海峽，看到朱諾市中心碼頭停泊豪華郵輪。

朱諾是靠淘金業發跡的。在十九世紀尚未發現金礦之前，加斯蒂諾海峽一直是特領吉特族印地安人的活動區域，只是原住民僅在這一帶捕魚，並未在此建立永久聚落。1880年，錫特卡(Sitka)採礦工程師喬治·皮爾茲(George Pilz)提出獎賞，看當地有哪位部落酋長能帶他找到金礦。結果酋長可威 (Chief Kowee)給予回應，皮爾茲便派遣兩位淘金者喬伊·朱諾(Joe Juneau)和狄克·哈里斯(Dick Harris)前去探勘，卻徒勞無功空手而返。

在可威酋長堅持下，皮爾茲再度派遣這兩位前往勘查，結果他

從機上俯瞰朱諾與曼德霍爾冰河，兩百年前朱諾仍被冰河覆蓋著。

們在今日黃金溪(Golden Creek)一路往上溯行，穿越茂密雨林，在此溪源頭一個稱爲雪崩峽谷（Snow Slide Gulch）發現大量如豌豆般的金塊。同年10月18日，這兩人便在該地打樁，提出160英畝的所有權主張，短短時間內，淘金營就出現了。

這是阿拉斯加最初幾個淘金熱成功的案例之一。不到一年，淘金營便成爲一個小鎮，是美國在1867年從俄國手中買下阿拉斯加後，第一個成立的小鎮。鎮名原本被取爲哈里斯堡(Harrisburg)，之後改爲洛克維爾(Rockwell)。1881年才正式被定名爲朱諾。

朱諾變成首府，是在1906年，當原來的首府錫特卡因捕鯨業沒落加上毛皮交易榮景不再，而朱諾卻因金礦的開採正蓬勃發展，阿拉斯加逐將首府遷移至此。那時淘金礦業對該區經濟有多重要呢？譬如阿拉斯加朱諾礦產(Alaska-Juneau Mine)，從1893年起到二次世界大戰因勞工短缺而不得不停工，在那期間產出三百五十萬盎司的黃金，相當於阿拉斯加黃金產量的四分之一強。

朱諾約有50％人口是在政府機關工作（包括聯邦、州、地方郡市鄉鎮），然而沒有公路和外界連結，加上每年飛機航班常因惡劣

氣候而被迫取消上百班航次，1974年阿拉斯加居民又提議公投，要將首府遷至最大城安哥拉治北邊的韋洛城(Willow)。不確定的未來，曾對朱諾的發展衝擊甚鉅。但因遷移首府費用估計超過上億美元，昂貴代價需由全州民買單，1982年此提案終於被廢除。這也就是為什麼，朱諾位置孤立而人口僅有三萬多（安哥拉治人口近28萬），卻仍為美國面積最大州的首府。

我對朱諾昔日的淘金史並不那麼感興趣，卻對她的曼德霍爾冰河 (Mendenhall Glacier)十分著迷。不管是搭飛機或坐渡輪，如果碰上好天氣，在接近朱諾時便會發現翠綠山巒中赫然出現一條壯麗的白色冰河。難怪朱諾會被榮稱「通向冰河的入口」(Gateway to the Glaciers)，除了城旁的曼德霍爾冰河，如果要去鄰近的冰河灣或附近其他地區觀賞冰河，也要從此城轉機或坐船。

曼德霍爾冰河離市區僅20公里。冰河面寬達2.4公里，有一個冰河觀賞坐台，一棟遊客中心內有各種相關圖片解說，並有若干健行步道可親觸冰河。此外還有曼德霍爾湖營地(Mendenhall Lake Campground)，堪稱國家森林服務處(US Forest Service)在阿拉斯加所有營地中景觀最美的一個，因為在營地就能望見冰河。只不過朱諾氣候溫和卻濕潤多雨，即使在晴天機率最高的7月，也不免會碰到在雨中紮營的日子。

最熱鬧的地區，首推市區中心旁的碼頭，因為首府朱諾是盛夏郵輪必經之地。當巨無霸的大船停靠岸邊，數千名旅客們紛紛湧上街頭，到處穿梭著來自世界各角落的人們，帶著輕鬆愉快的度假表情，加乘渲染了觀光歡樂氣息，會給人一種置身於截然不同城市的感覺。

---

①在朱諾街頭常能看到木雕藝術作品。
②朱諾的加斯蒂諾鮭魚養殖場 (Gastineau Salmon Hatchery) 有水下視窗看鮭魚。

繆爾在阿拉斯加的家──蘭格爾

蘭格爾是人口不到兩千五的小鎮。因位於斯蒂金河(Stikine River)河口的戰略位置，此鎮是在阿拉斯加發展史上，唯一曾插上俄國、英國、與美國三種不同旗幟的要塞城堡。

俄國人於1834年抵達此地，建立了防禦圍椿。這個堡壘的目的，是要防止當時英國在加拿大的哈德遜海灣公司(Hudson's Bay Company)那些毛皮交易者，從斯蒂金河順流南下侵佔此區。但到了1840年，俄國人卻將當時佔領的東南沿海地區整個租給了英國，條件是英國每年要獻給俄國兩千件海獺毛皮(sea otter skins)作為租俸。英國人便立刻佔據了蘭格爾，並將之改名為斯蒂金堡(Fort Stikine)。

1867年美國買下阿拉斯加，順理成章接收一切，並在1868年將此堡改為蘭格爾堡(Fort Wrangell)。因其樞紐位置，此鎮成為毛皮商重要貨品供應中心。之後在1870年代初期，淘金客也常從蘭格爾出發前往斯蒂金河，上溯至加拿大英屬哥倫比亞(British Columbia)的卡希爾礦場 (Cassiar fields)。到了二十世紀初，蘭格爾的鮭魚罐頭廠開始蓬勃發展，據說當時罐頭廠大部分勞工都是阿拉斯加原住民和中國人。到過蘭格爾最有名的訪客，莫過於約翰‧繆爾了。繆爾為了探訪冰河灣及附近冰河，在1879年和1880年連續兩年到蘭格爾住上一段時日，以此為北上探險的據點，並和當地長老會的楊牧師結為好友。繆爾在書中誠實描寫著：「蘭格爾村是個粗曠之地，目無法紀而邋遢不修邊幅的木屋，建得歪歪扭扭的，圍擠在此島潮溼岸邊綿延一兩公里長。」但他仍對蘭格爾具有特殊感情，說這裡是他在阿拉斯加找到的家。

　　渡輪碼頭就位於市中心，我們下了船就走在大街上，還真方便。其實今日蘭格爾的房子和街道還蠻乾淨整齊的，已不像一百多年前繆爾所形容的那樣市容不整了。不過此鎮給人的感覺有些蕭條冷清，據說是受到政府對該區湯格斯國家森林(Tongass National Forest)環境保育政策影響，當地一家鋸木廠阿拉斯加紙漿公司

蘭格爾碼頭港口不夠深，大型郵輪無法進出。

(Alaska Pulp Corp)在1994年關門大吉，造成全鎮五分之一人口失業，經濟受創甚鉅，失業率一度達到20%，幾乎是全美的三倍。

難怪蘭格爾居民傾向開發，主張政府干預的愈少愈好。即在二十一世紀，政府對礦採、伐木、捕漁等限制愈來愈多，大多數居民仍抱持不以為然的抗拒態度。目前經濟主要倚靠少許漁業、政府工作、以及夏季觀光業。

此鎮有趣的幾個景點，離碼頭都只有一兩公里，只要步行就到。譬如從碼頭往東走約1.6公里，便到了沙克斯酋長島(Chief Shakes Island)，有原住民的圖騰柱和社區活動中心，值得一探。此外從碼頭沿著長青路(Evergreen Rd.)往北走約1.2公里，就到了岩石雕刻海灘 (Petroglyph Beach)，有木板路和標示指向數千年前原住民留下的石雕藝術，也證明此區在很久以前就曾是特領吉特印地安人的

居住地。特別值得一提的是杜威山步道(Mt. Dewey Trail)，從米申街
(Mission St.)緩坡往上走，不到一公里就能居高臨下眺望整個蘭格爾
小鎮。喜歡爬山的繆爾，一定也曾在此登高望遠吧。

曾為「世界鮭魚之都」的克奇坎

　　克奇坎在公元兩千年人口普查時約有八千居民，在阿拉斯加城
市中排名第五（次於安哥拉治、費爾班克斯、朱諾、錫特卡），是
鍋柄最南邊的大城，也是渡輪從華盛頓州北上進入阿拉斯加停泊的
首站，因此又被稱爲「第一城」(the First City)。近年因應觀光業蓬
勃發展，夏天居民已增至一萬四千多人。

　　克奇坎早期經濟是靠鮭魚發達起來的。就在市中心東側的克奇
坎溪（Ketchikan Creek），曾是大量鮭魚洄游的主要棲地。率先在

⑤

①在蘭格爾碼頭看到幾落捕螃蟹的鐵籠。
②蘭格爾的市政廳 (City Hall)，用鮮花和圖騰藝術裝飾門面。
③沙克斯酋長島，有一棟印地安原住民社區活動中心。
④蘭格爾的岩石雕刻海灘，有數千年前原住民留下的石雕藝術。
⑤走在杜威山步道樹木參天的幽靜森林中。

克奇坎溪岸定居下來的，便是特領吉特族印地安原住民。據說以前
此區鮭魚洄游時，曾引來大量白頭海鷗，此城名稱"Ketchikan"便
是從特領吉特族語言"Katch Kanna"衍生而來，意思即指「老鷹雷
鳴般的翅膀」(thundering wings of eagles)，可以想見那場面有多麼壯
觀。可惜隨著漁業過度捕撈，自然資源不斷被開發，加上市區人口
成長擴展，現在已很難看到那麼多老鷹了。

　　因爲曾有很多鮭魚，在1883年一個名叫斯諾(Snow)的白人便在
克奇坎溪岸建造鮭魚醃製廠。接著在1885年麥克·馬丁(Mike
Martin)幫一家波特蘭公司探尋適合場址，也在克奇坎向印地安人買
地建造鮭魚罐頭廠。到了1920年代，居民便在米申街豎起一塊拱牌
寫著「世界罐頭鮭魚之都」(Canned Salmon Capital of the World)。
1951年居民將拱牌換成了「世界鮭魚之都」(Salmon Capital of the

World)，顯示當時大多數罐頭魚廠均已遷離的事實。

　　此外還有鋸木業和採礦業，讓克奇坎經濟欣欣向榮，逐漸成為買賣交易中心。1903年克奇坎出現第一座鋸木廠，到了1954年更出現規模龐大的克奇坎紙漿廠(Ketchikan Pulp Mill)。然而一九七○到八○年代的罷工潮卻導致鋸木廠紛紛停業。當地最大雇主克奇坎紙漿廠於1997年關閉，不啻重創了當地經濟，幸好克奇坎仍能倚靠觀光業和漁業度過難關。

　　此城最有趣的一條街，是克奇坎溪岸的溪街(Creek St.)，沿岸排列著色彩鮮豔又各具特色的木屋。二十世紀上半業礦產活動興盛時，這裡是維持半個世紀之久的風化區，直到1954年娼妓成為非法

①市區中心歷史悠久的溪街，曾經是逾半世紀的風化區。
②郵輪碼頭旁的白頭海鵰模型，因克奇坎原意為「老鷹雷鳴般的翅膀」。

①②

③

活動為止，全盛時期多達30家妓院。據說礦工會把三分之二工資花在溪街的酒吧和妓院，當時最有名的鴇母是街頭第一間「多莉的家」(Dolly's House)，保留至今已成為歷史建築，遊客付費即可入內參觀。

最吸引我的，則是原住民的圖騰柱(totem poles)。克奇坎是全阿拉斯加圖騰柱收集最多的地方，這些圖騰柱大多從已荒廢的特領吉特族部落搶救而來並予以重建。主要分布於三處，一是市區的圖騰遺產中心(Totem Heritage Center)，數量超過30隻；一是位於市區東南3.5公里的薩克曼圖騰公園(Saxman Totem Park)，有24隻圖騰柱；另一處是在克奇坎西北約16公里的圖騰海灣州立公園(Totem Bight State Park)，除了有14隻圖騰柱，還有一間色彩豐富的原住民社區活動中心(community house)，是平日聚會交誼或舉行各種儀式的場所。

繪有挪威色彩的彼特斯堡

和東南阿拉斯加大多數城鎮一樣，彼特斯堡原本也是特領吉特族印第安原住民漁獵活動領域。至少在兩千年以前，他們就從斯蒂金河遷移至此並定居下來。今日彼特斯堡仍有十分之一人口是原住

①昔日溪街最有名的鴇母是街頭第一間妓院「多莉的家」。
②克奇坎還有專為訪客提供的市區觀光馬車。
③彼特斯堡是因來自挪威的拓荒先驅彼特‧布施曼而得名，圖中的白色建築為挪威之子紀念館。

民。在挪威街角(Nordic Drive)有一對圖騰柱，海邊也有古代原住民遺留的石雕藝術和古式捕魚陷阱，說明特領吉特族祖先在此居住活動的史實。

白人進駐此區最早是在公元1890年，來自挪威的拓荒先驅彼特‧布施曼(Peter Buschmann)在此登陸，看到東邊不遠處的萊康特冰河(Le Conte Glacier)，能源源不絕提供乾淨的「天然冰塊」來冷凍運輸新鮮的魚，就興蓋一座魚罐頭食品廠，取名為冰海峽包裝公司(Icy Strait Packing Company)，並另外蓋了一座鋸木廠和一個碼頭。他並勸誘挪威朋友們一起來此打天下，結果這個小鎮便以他為名。

1916年，阿拉斯加冰河海鮮(Alaska Glacier Seafoods)於此鎮成立，那是全州第一座蝦子處理廠。到了1920年，彼特斯堡已有六百居民。他們就拿冰河冰塊包裝新鮮鮭魚和大比目魚，1926年又增加一座冷凍廠。彼特斯堡雖在阿拉斯加東南區算是年紀最輕的，卻擁有全州規模最大的大比目魚捕撈船隊，加上四座魚廠和兩座冷凍廠的運作，每年海鮮食品產值逾四千五百萬美元。經年累月，彼特斯

①小鎮公園擺了一艘大帆船，具有斯堪地那維亞色彩。
②一座紀念銅像寫著 "We remember ours lost at sea" 悼念船難者。

堡便成為阿拉斯加最主要的漁業重鎮之一。每年夏天捕魚季節都提供很多工作機會，吸引本土48州的人前往打工賺外快。

目前此鎮人口三千多，成立於1900年的彼特斯堡漁業(Petersburg Fisheries)仍是今日全鎮最大雇主。如果翻開電話簿，會發現大部分居民都是挪威後裔。因為從不曾倚靠伐木業，彼

特斯堡的經濟要比蘭格爾或克奇坎來得平順也健康得多。他們並不需要發展觀光，而且缺乏一個深水港，巨型郵輪也無法靠岸。

小鎮挪威色彩濃厚，碼頭旁邊有一棟挪威之子紀念館(Sons of Norway Hall)，建於1912年，醒目的白色建築，窗邊繪著斯堪地那維亞彩繪畫風，市區掛著紅底白邊藍十字架的旗幟，公園還有先驅者紀念銅像、探險帆船作為裝飾。我們在碼頭附近還發現了一個類似北海小英雄的金屬雕飾，十分有趣。

州立渡輪提供居民交通運輸。令人印象最深刻的，是從蘭格爾航行到彼特斯堡會經過一段非常狹長而彎曲的蘭格爾海峽(Wrangell

①成立於1900年的「彼特斯堡漁業」至今仍是全鎮最大雇主。
②在碼頭附近發現這金屬雕飾，很像以前卡通影片北海小英雄。
③建築牆壁上掛著一個裝飾用的錨，匠心獨具。
④錫特卡西側的埃奇克姆山是美麗的錐狀火山。

Narrows)，是內海航道中景觀相當優美的一段。海峽長達35公里，
兩岸寬距最窄處不到一百公尺。據說有些地方水深僅6公尺，會讓人
覺得奇怪，這麼大的渡輪也能行走其中，難道不怕擱淺麼？

深具俄國遺風的錫特卡

　　錫特卡目前人口近九千，是全州第四大城，而且是東南阿拉斯
加唯一真正濱臨太平洋的城市。城西側的埃奇克姆山(Mt.
Edgecumbe)是美麗的錐狀火山，東邊也有白雪靄靄的山峰，依山傍
海，自然環境之美不遜於首府朱諾。

　　俄羅斯人最早登陸此區，可能是在1741年，由俄國探險家維特斯‧白令(Vitus Bering)帶領的兩艘船艦在暴風雨中分散，其中白令駕駛的那艘在今日美加邊界的聖埃利亞斯山(Mt. St. Elias)附近登陸，確認有一塊大陸存在。另一艘則被暴風雨帶到很南的巴拉諾夫島(Baranof Island)附近，為了找水，便派了兩隻划艇往錫特卡海灣划去。結果兩隻划艇就此消失，下落不明。俄國船艦也就識趣離開了。

　　那艘俄國船恐怕不知道，划艇水手在錫特卡上岸後所遇到的，是當時兩支非常強大的特領吉特印地安部族，一支是科薩笛族(Kiksadi)，另一支是寇旺騰族(Kogwanton)，他們長久下來已發展最先進的文化，在當時十八世紀比阿拉斯加其他原住民部落都來得強盛。

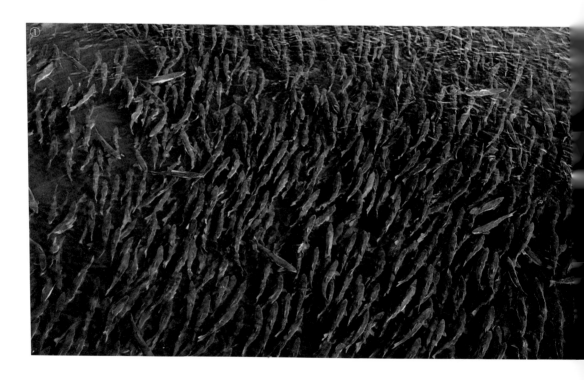

　　過了半個世紀，俄國人在1799年再度返回錫特卡，特領吉特印地安族仍然住在當地。俄屬阿拉斯加首任總督亞歷山大‧巴拉諾夫 (Alexander Baranov)在今日渡輪碼頭附近興建俄式堡壘，建立東南阿拉斯加第一個非本土殖民地，以繼續經營財源滾滾的毛皮買賣。然而1802年當他在科迪亞克島(Kodiak)，特領吉特印地安部族卻帶著從英國人和美國人獲得的槍枝，大舉戰勝這俄式堡壘，不但將它夷為平地，並殺死大多數居民。

　　於是，當巴拉諾夫在1804年返回錫特卡時，便帶回一艘俄國皇家戰艦，摧毀了特領吉特族守禦堡壘，並在今日錫特卡市區重新建造殖民地，取名「新天使」(New Archangel)，之後便成為俄羅斯美

①經過錫特卡郊區意外發現一條溪中有好多洄游鮭魚。
②昔日防禦碉堡，是俄國人用木材建構、開有槍眼的六角堡壘。

國公司(Russian-American Company)掌控毛皮貿易的總部所在。錫特卡因毛皮交易的財富盈收，在經濟和文化發展上均欣欣向榮，黃金時期還被冠爲「太平洋的巴黎」(Paris of the Pacific)。

　1867年美國買下阿拉斯加後，錫特卡便從「新天使」改名爲今日的"Sitka"，此地名衍生自特領吉特族的Sheet'ká（即Shee At'iká的縮詞），英文原意是"People on the Outside of Shee"——原來錫特卡所在的巴拉諾夫島，原住民本來稱之爲Shee。二十世紀初，當阿拉斯加首府從錫特卡遷至朱諾，此城確實沒落一段時期。後來拜第二次世界大戰之賜，錫特卡因附近小島建了一座軍事基地而再度復甦。

　今日此城經濟主要仰賴漁業和觀光業。錫特卡居民仍以他們所傳承的俄國遺風爲榮，自認是東南阿拉斯加的文化中心。渡輪碼頭位於市中心北邊11公里遠，所以我們一下船就租車自由行。來到市中心，立刻能感覺俄國色彩和獨樹一幟的歷史特色。一定要看的是聖邁克爾大教堂(St Michael's Cathedral)，位於市區心臟地帶，建造於1844～1848年，屹立了百餘年，直到1966年發生火災前，一直是阿拉斯加最具代表的俄羅斯東正教大教堂。錫特卡居民原地複製了同樣的教堂，每天下午開放參觀，並接受捐獻。

①圖中建築是老人安養院 (Alaska Pioneers Home)，建於 1934 年。
②在市區圖騰廣場，遺留著以前俄國人用的大砲。
③聖邁克爾大教堂是阿拉斯加最具代表的俄羅斯東正教大教堂。

我們在市區林肯街尾的圖騰廣場(Totem Square)，看到以前俄國人用的大砲。在寇旺騰街東側山丘上，有一個複製的碉堡，是俄國人用木材建構、開有槍眼的堡壘。最有名的景點，是錫特卡國家歷史公園(Sitka National Historical Park)，位於印第安河(Indian River)河口，這是特領吉特印地安人在1804年堅守城池，最後終於被俄國人戰艦打敗的地方。園區立有15隻圖騰柱，但以前的印地安堡壘早已不存在了。

就在歷史公園北邊，是阿拉斯加猛禽康復中心(Alaska Raptor Rehabilitation Center)，專門收容生病或受傷的猛禽，待康復後便將之野放。除了白頭海鵰，還可看到其他較小的隼鷹和貓頭鷹等。

原住民的圖騰與精神世界

其實除了磅礴冰河和原始森林，阿拉斯加東南區給人最深的印象，也是比其他地區顯得更有特色的地方，就是原住民的圖騰藝術文化。

自古活動於此區的原住民，具有比其他地區部族更得天獨厚的自然條件，發展自給自足而傲人的本土文化。他們定居於有天然屏障的海灣，享有濕潤溫和的海洋氣候，而且海裡充滿了取之不竭的食物。鮭魚、大比目魚、新鮮莓果是其主食，各部落並學會如何曬乾或煙燻鮭魚以過冬。近在手邊的豐富食物來源，讓這些原住民倖免了困難的遊牧生活，不需像美國中西部平原的印地安人那麼艱苦過日子。也因此，他們有著多餘時間充分發揮藝術能力，創造精美的裝飾藝術文化。其中最為大眾所知的就是圖騰柱。

錫特卡國家歷史公園，是1804年印地安原住民被俄國人打敗之處。

錫特卡海邊絢爛的落日與彩霞，令人驚嘆。

這些圖騰柱，分布於阿拉斯加東南沿海許多不同的部落村莊，它們最初並不是用來崇拜或用於供奉儀式，也並非代表任何神祇。它們被雕刻是因原住民沒有文字，因此用這方式來紀念一個重大事件，一位名人，或記載家族重要歷史。

繆爾在書中便提到，他曾造訪蘭格爾南邊一個廢棄的原住民部落，見識了原住民建築和雕刻工藝之高，如啄木鳥鑿小圓洞之精巧，或像蜜蜂築蜂巢之準確。

而最惹人注目的便是圖騰柱，就立在每個空屋前。最簡單的是高約5～6公尺、直徑約45公分的長圓柱，頂上雕刻一隻動物如熊、小海豚、老鷹、烏鴉等。還有其他圓柱上面雕刻一個男人或女人體形，刻得像過世的人，通常是坐姿，尺寸跟真人一樣或更大。據說有些死者的骨灰就放在封閉的木柱腔中。

那些最大的圖騰柱高達9～12公尺，圓柱從頭到尾雕滿人形和動物圖像，一個接一個，肢體古怪折疊，每個雕刻形體的表情特徵，都是勇猛而果斷，充滿著力量。雖說圖騰柱主要是用來記錄歷史人物事件，但繆爾認為更重要的動機是「光耀門楣」。圖騰柱的豎立，是很隆重盛大的事，通常要花上一兩年時間來準備。完成之際還要大宴賓客，唱歌跳舞歡慶並贈送禮物。有些較大的圖騰柱甚至價值逾千美元（在1880年代一千美元是相當龐大數字），因此只有富裕的印地安家族才做得起圖騰柱。

繆爾還提到同行有位考古博士不知好歹，請船上水手幫忙砍斷一段圖騰柱，說要帶回美國東岸給博物館收藏。與繆爾一起的原住民朋友卡達昌(Kadachan)發現圖騰柱竟被鋸斷，很嚴肅地看著那位

克奇坎薩克曼圖騰公園，大的圖騰柱高逾 10 公尺，有些柱幹直徑逾 1 公尺。

博士說：「如果有位印地安人挖掘你家的墓地，並拿走屬於你家人的一塊紀念碑，你會覺得如何？」這比喻很恰當。還好博士砍下的圖騰柱並不屬於卡達昌家族，否則後果不堪設想。後來大家當和事佬，道歉和解了事。

　　把圖騰柱砍斷帶走就好比盜墓行為，可見圖騰柱對原住民的意義有多麼神聖。不過後來很多沿海部落都被白人帶來的天花等疾病感染，導致原住民人口大幅減少，部落相繼成為廢墟。我們今日在各城鎮看到的圖騰柱，便是從這些荒廢部落蒐集而得，並將這些珍

圖騰柱的人形不一定是最大的，有時鳥獸還比人來得強勢。

貴文化遺產集中予以保護，才能妥善保存至今。

在印地安原住民的精神世界裡，他們認為萬物均具有靈魂，而且不論生或死，靈魂能與大地同存。因此有些原住民捕魚前會投擲一些東西到海裡作為交換，代表他們向那些獵物的神靈先請求寬恕，並只取其生存所需。因其生活智慧都是從大自然觀察學習而得，因此他們始終尊重敬畏自然，進而珍愛大地萬物。

人本來就只是自然界的一份子，所有生命都必須被尊重。因此圖騰柱除了人形以外還刻著其他多種動物。而且圖案層層疊疊，在我看來似乎意味著彼此生存的緊密相連，代表人與大地生靈萬物間一種密不可分、相互依賴的平等關係。

西雅圖酋長便說過：

「在我的人民心中，這土地的每個部分都是神聖的。

每一片山坡，每一個谷地，每一塊平原和每一處森林，

都因早已湮滅的歲月所發生過的悲喜事件而成為聖地。

甚至石塊，在太陽下呆滯地躺在沈靜的海邊，

也充滿了與人民生活有關的生動回憶。」

西雅圖酋長這段話，充分流露了原住民尊重大自然並與之和諧相處，這般發自內心的虔敬與惜愛，令人感動。而這種善待自然尊重萬物的智慧，不啻為喜歡征服支配環境又傾向竭澤而漁的現代人所亟需學習的。

圖騰柱上面無論人獸，表情特徵都是勇猛無懼而果斷堅決。

附錄
旅行錦囊

冰河灣國家公園

1. 冰河灣國家公園全年開放。遊客中心 (Visitor Center) 於五月下旬至九月上旬，開放時間每天11:00 AM - 9:00 PM。地址：Post Office Box 140, Gustavus, Alaska 99826, (907) 697-2230；查詢網站：www.nps.gov/glba。

2. 冰河灣國家公園入口是格茲塔弗斯(Gustavus)，小鎮居民不到四百人。阿拉斯加像這樣的小鎮，通常飛機跑道僅是一條平坦空曠的土石路，只能飛螺旋槳小飛機（稱為Air Taxi）。這小鎮機場卻有鋪柏油的標準跑道，能飛737噴射客機，據說是二次大戰期間，因為扮演軍事補給的戰略位置而闢建這般規模的機場。

3. 從台灣出發，可先飛到美西華盛頓州西雅圖，或飛阿拉斯加最大城安格拉治(Anchorage)，再轉飛阿拉斯加首府朱諾(Juneau)。從朱諾到格茲塔弗斯，主要方式有兩種，一是搭乘阿拉斯加航空(Alaska Airline)噴射客機，查詢網站：http://www.alaskaair.com/；一是從朱諾搭乘「冰河灣巡航渡輪」（Glacier Bay Cruiseline ferry），週一、三、五、日均有班次，目前來回船票$139美元。電話：(800) 451-5952，查詢網站：www.glacierbaycruiseline.com。

4. 冰河灣國家公園的旅客資訊站(Visitor Information Station，簡稱VIS)位於格茲塔弗斯小鎮西側約16公里的巴雷特海灣(Bartlett Cove)。因當地並無任何公共交通運輸，因此搭機抵達格茲塔弗斯小鎮之後，到巴雷特海灣需叫計程車，而且不是跳表而是按人頭計，目前一人約15美元。相關資訊查詢網站：http://www.nps.gov/glba/planyourvisit/directions.htm。

5. 申請划舟、行船、荒野許可和露營許可，均須在VIS辦理。VIS五月開放，週一到週日8:00 AM - 5:00 PM；六、七、八月這三個月，每日開放時間延長為7:00 AM - 9:00 PM。九月一日起恢復為 8:00 AM - 5:00 PM。除了許可，VIS並提供地圖、潮汐表、熊罐、和各種資訊，還有公共廁所、水龍

頭、垃圾桶、以及資源回收桶。

6. 租獨木舟可洽詢「冰河灣海洋獨木舟」(Glacier Bay Sea Kayaks)，是位於公園內官方特許的租舟公司，查詢網站：www.glacierbayseakayak.com，電話 (907) 697-2257。我們之前是向格茲塔弗斯當地的「海獺獨木舟」(Sea Otter Kayaks)租舟，這也是寂寞星球(Lonely Planet)作者曾大力推薦的當地店面，可惜老闆艾德近年因健康因素，已不再經營租舟生意了。此外「阿拉斯加發現之旅」（Alaska Discovery）有專業划舟嚮導帶領深入冰河灣，從格茲塔弗斯出發的六天行程，每人約美元 $1,850，該公司網站：www.akdiscovery.com。其他划舟公司與相關資訊可參考冰河灣國家公園網站：http://www.nps.gov/glba/planyourvisit/kayaking.htm。

7. 冰河灣屬於濕潤海洋性氣候，氣溫變化比阿拉斯加內陸來得溫和些，但即在夏天也經常是晴時多雲偶陣雨，一定要記得帶雨衣，還有毛衣毛帽手套等禦寒衣物。睡袋衣物均要做好防水措施，用塑膠袋或防水袋包好。此外格茲塔弗斯有雜貨店，但東西不多價格也較為昂貴，建議在出門前就要把野營食物先酌量打理好。這國家公園荒野沒有任何道路或人為設施，一定要記得帶等高線地圖和指北針幫忙定位，有GPS最好。

8. 巴雷特海灣其實離文明不遠，因為在VIS東北一百多公尺處即是冰河灣旅館(Glacier Bay Lodge)，建造於1966年，這棟歷史性建築附有高級餐廳和投幣式淋浴設備。旅館二樓則是公園遊客中心(Visitor Center)，有生態展示廳和書店。如果想買書或紀念品，萬一身上現金不夠，還可刷卡。每次凱旋歸來，第一件事便是去淋浴，沖個痛快熱水澡，把自己從頭到腳徹底洗淨，換上一身乾淨衣服。飢腸轆轆卻再也不想吃脫水登山食物的我們，接著便去旅館用餐，好好犒賞自己一番。在味蕾、口腹、心靈、精神都獲得飽足之際，愉快結束冰河灣划舟之旅。

契爾卡白頭海鵰保育區

1. 契爾卡白頭海鵰保育區位於海恩斯小鎮北邊約三十公里處。因小鎮機場規模很小，一般噴射客機無法起降，從阿拉斯加首府朱諾可搭螺旋槳小飛機，飛程約莫45分鐘；也可從朱諾搭乘阿拉斯加州立海洋渡輪(Alaska Marine Highway Ferry)，單程約四個半鐘頭。

2. 搭渡輪雖然速度慢得多，卻是比較安全的方式，因海恩斯依山傍海，冬天常颳強風下大雪，一旦天候惡劣，螺旋槳小飛機就無法飛行。渡輪大而平穩，在峽灣地形航行反而不太受風雪影響，還可欣賞沿途山水景致。如果不想受制於天氣而延誤行程，渡輪當然是較舒適可靠的選擇。

3. 保育區全年都有白頭海鵰棲息，但數量最多，最佳觀賞季節是冬季，約莫從11月到1月，至少會有上千隻白頭海鵰為了鮭魚而聚集於契爾卡河的「會議基地」。此區冬天溫度常在華氏零下，手套毛帽毛襪羽毛衣等禦寒衣物要多帶。保育區官方網站：http://dnr.alaska.gov/parks/units/eagleprv.htm。或可洽詢海恩斯巡山站(Haines Ranger Station)，P.O. Box 430，Haines, AK 99827；電話：(907) 766-2292。

4. 海恩斯住宿資訊：http://www.haines.ak.us/tripplanning/lodging.php。
租車等交通資訊：http://www.haines.ak.us/toandfrom/gettingtohns.php。
也有當地的阿拉斯加自然之旅(Alaska Nature Tours)，會有解說嚮導帶領到保育區賞鷹，查詢網站：http://alaskanaturetours.net/。

阿拉斯加首府朱諾

1. 造訪阿拉斯加首府朱諾或東南區各個城鎮，從台北並無直飛班機，可搭中華航空直飛安克拉治，或者搭長榮航空、聯合航空先飛至華盛頓州西雅圖，再轉阿拉斯加航空（Alaska Airlines）飛往朱諾或克奇坎、錫特卡等其他城鎮。
華航網站：http://www.china-airlines.com/en/index.htm

長榮網站：http://www.evaair.com/html/b2c/Chinese/

聯航網站：http://www.united.com

阿拉斯加航空網站：http://www.alaskaair.com/

2.阿拉斯加州立海洋渡輪（Alaska Marine Highway System）是阿拉斯加東南區內海航道最重要的公共交通運輸工具，全年營運，可連人帶車載往沿岸各個主要城鎮，電話：(907) 272-4482，查詢與訂位網站： http://www.dot.state.ak.us/amhs/index.shtml。

3.在朱諾市區有個遊客中心「戴維斯小木屋」，位於134 3rd St.,電話：(907) 586-2201，國內免費電話：(888) 581-2201，開放時間8:30 AM – 5 PM。朱諾的住宿、餐廳、以及觀光景點，可查詢官方網站：http://www.juneau.com/。

4.其他城鎮觀光資訊查詢網站如下：

克奇坎：http://www.visit-ketchikan.com/

彼特斯堡：http://www.petersburg.org/visitor/index.html

蘭格爾：http://www.wrangellalaska.org/index.html

錫特卡：http://www.sitka.com/

其他旅遊須知

1.時差：阿拉斯加時區比美國西岸（如舊金山）晚一小時，比東岸（如紐約）晚四小時。

2.電話：從台灣直撥，先撥002，再撥美國國碼1，阿拉斯加全州的區域號碼是907，再撥七個數字當地電話號碼。

3.阿拉斯加沒有購物稅，但租車訂房要課稅。

4.若需進一步資料，可查詢阿拉斯加州官方旅遊資訊網站（Official State of Alaska Visitor Information Website）：http://www.travelalaska.com/。

冰海一葉舟 / 林心雅, 李文堯合著. -- 初版. --
臺北市：時報文化, 2010.11
　面；　公分. -- (人文旅遊；KT3018)

ISBN 978-957-13-5146-9(平裝)

1.遊記 2.旅遊文學 3.美國阿拉斯加

752.7809　　　　　　　　　　　99020305

Printed in Taiwan
ISBN：978-957-13-5146-9

一冰
葉海
舟
Only In
Alaska II

人文旅遊KT3018

作　　者　林心雅 (Hsin-ya Lin) & 李文堯 (Wen-yao Li)
設　　計　張士勇工作室
主　　編　李濰美
校　　對　李昧、林心雅、李文堯
董 事 長　孫思照
發 行 人　莫昭平
總 經 理　莫昭平
總 編 輯　林馨琴
出 版 者　時報文化出版企業股份有限公司
　　　　　10803台北市和平西路三段二四○號四樓
　　　　　發行專線―(○二)二三○六―六八四二
　　　　　讀者服務專線―○八○○―二三一―七○五
　　　　　　　　　　　(○二)二三○四―七一○三
　　　　　讀者服務傳真―(○二)二三○四―六八五八
　　　　　郵撥―一九三四四七二四時報文化出版公司
　　　　　信箱―台北郵政七九～九九信箱
時報悅讀網　http://www.readingtimes.com.tw
法律顧問　理律法律事務所　陳長文律師、李念祖律師
印　　刷　詠豐印刷有限公司
初版一刷　二○一○年十一月五日
定　　價　新台幣三九九元